Reiserouten

Events. Highlights. Investitionen.
Europäische Union

Baltikum

Estland, Lettland, Litauen

374 Bilder, 4 Reisen

ECKHARDT

Leben kennt keine
 Generalprobe.
Es wird nicht wiederholt.
Es gibt keine zweite
 Chance.
Wir können es später
 nicht besser machen.
Wirklich leben heißt im
 Heute handeln.

Wichtig

Wir wollen verstehen, wie Historie, Politik und die wirtschaftlichen sowie kulturellen Gegebenheiten wirken. Unsere in Form von Reiseberichten laufend aktualisierten Eindrücke werden durch zahlreiche Fotos untermauert, die Lust darauf machen sollen, selbst dorthin zu reisen, sich mit den Gegebenheiten dort selbst vertraut zu machen. Alle Reiserouten können kombiniert werden und auch von der jeweiligen Landeshauptstadt (mit Internationalem Flughafen) ausgehen.

Heutzutage kann sich jeder auf den einschlägigen Seiten der Airlines, der Hotels, der Mietwagen- und Busgesellschaften sowie der entsprechenden Vergleichsportale über Kosten und Risiken unproblematisch und vor allem tagesaktuell selbst informieren. Wir können uns dies also im Interesse eines handlichen Reisebegleiters schenken.

Obwohl alles getan wurde, um die Korrektheit der Informationen zu gewährleisten, können sich diese jederzeit aufgrund verschiedenster Ursachen wie politische oder wirtschaftliche Entwicklungen sowie besonderer Witterungsbedingungen, Einschränkungen der Reisemöglichkeiten usw. ändern. Auch die angegebenen Internetseiten, die wir uns nicht zu eigen machen, können sich ändern. Und an Wochenenden sind nicht nur staatliche Server oft abgeschaltet. Deshalb sollte jeder Leser sich zunächst rechtzeitig und ausführlich informieren, wenn er eine Reise plant. Weder Autor noch der Herausgeber können für Angaben in diesem Buch, die nicht mehr der aktuellen Lage vor Ort entsprechen, haftbar gemacht werden. Wenn Sie veraltete oder unkorrekte Informationen entdecken, freuen wir uns über eine Mitteilung von Ihnen.

Inhalt

Europa

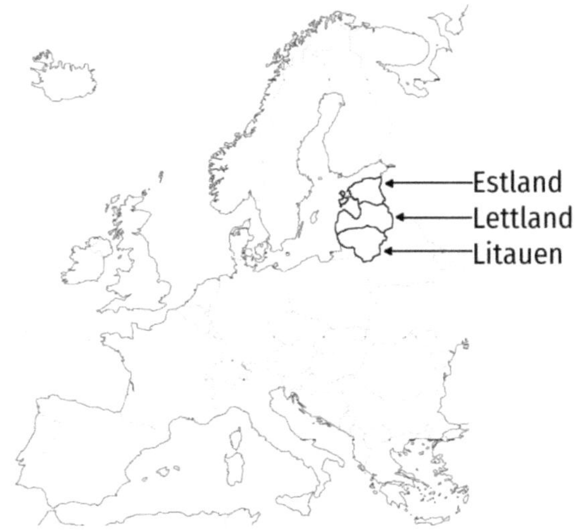

Baltikum

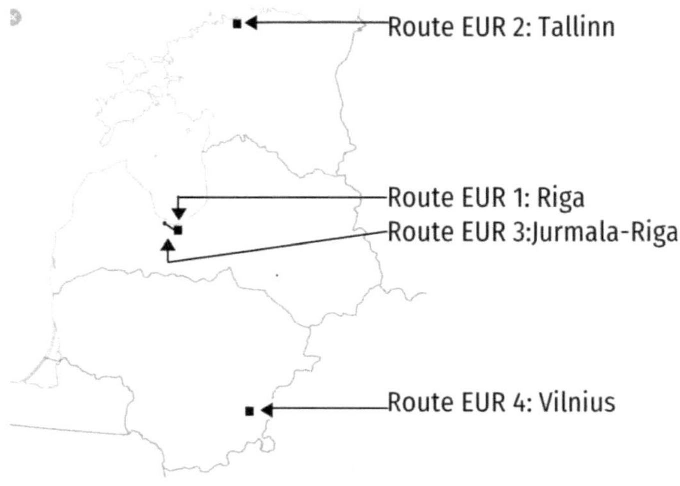

Fünf Highlights in Lettland

Die Hauptstadt und alte Hansestadt Riga erkunden - die zum UNESCO Weltkulturerbe gehörende Altstadt mit dem prächtigen Schwarzhäupterhaus, der Petrikirche, den Rigaer Stadtmusikanten und den ehemaligen Gildehäusern besuchen, durch die alten Markthallen schlendern, den Wachwechsel an der Freiheitsstatue erleben, die imposanten Jugendstilfassaden bewundern und ein kühles lokales frisch gezapftes Bier auf dem Domplatz genießen.

Am Juglas-See in Riga im lettischen ethnografischen Freilichtmuseum in die lettische Geschichte eintauchen und Traditionen sowie alte Handwerksberufe kennenlernen. Auf einer Fläche von 87 Hektar werden die für die vier kulturhistorischen Gebiete Lettlands - Kurzeme, Zemgale, Vidzeme und Latgale (Kurland, Semgallen, Livland und Lettgallen) charakteristischen Bauernhöfe, Handwerker-Werkstätten, Windmühlen, Schmieden, Töpfer- und Teeröfen präsentiert.

Die Suiti in Alsunga besuchen, die farbenfrohe Tracht der Suiti-Frauen bewundern, ihrem Dialekt und insbesondere ihrem charakteristischen, mehrstimmigen Bourdon-Gesang lauschen und anschließend die beeindruckende Steilküste von Alsunga und Jūrkalne besuchen, Teil des Kulturraumes der Suiti, zu dem die kurländischen Gemeinden an der Ostsee - Alsunga (deutsch - Alschwangen), Basi, Gudenieki und Jūrkalne gehören.

Das idyllisch in den Wäldern des alten Gauja-Flusstales gelegene, 43,63 Hektar große Turaida Museum

Reserve im historischen Zentrum von Turaida mit der Burg Turaida, einer der ältesten Holzkirchen Lettlands sowie dem rund 300 Jahre alten Turaida-Herrenhauses mit seinen 21 Gebäuden besuchen und in dem Volksliederpark auf dem Dainu-Hügel die 26 von dem Bildhauer Indulis Ranka geschaffene Granitskulpturen bewundern. Diese spiegeln symbolisch die Weisheit und Werte wider, die in den Volksliedern verankert sind. „Turaida" bedeutet so viel „Gottes Garten"

Den im Nationalpark Gauja gelegenen Archäologischen Park Āraiši besuchen. Hier findet man auf einer relativ kleinen Fläche archäologische Stätten von der Steinzeit bis zur Neuzeit - die moorige Mädcheninsel mit Rekonstruktionen von Siedlungen aus der Stein-, Bronze- und jüngeren Eisenzeit sowie die alte, auf Pfählen gebaute Inselsiedlung Āraiši mit einer lettgallischen Burg aus dem 9. bis 10. Jahrhundert als auch die Ruine der Ordensburg Arrasch des Livländischen Ordens aus dem 14. bis 17. Jahrhundert. Die Anlage kann von Mai bis November besichtigt werden.

Klima und Reisezeit

Lettland liegt zwischen dem 55. und 58. Breitengrad. Das Klima ist wie in den anderen baltischen Staaten kühl-gemäßigt. Die Sommer sind eher mäßig warm, doch können in den küstennahen Gebieten und in der Hauptstadt Riga durchaus Temperaturen von über 25 Grad Celsius erreicht werden. Aufgrund der nördlichen Lage ist es in den Sommermonaten Juni und Juli lange hell. Dagegen sind die Tage im

Winter kurz und kühl mit Temperaturen unter null Grad. Der meiste Niederschlag fällt im September sowie im November und Dezember.

Events

Am 4. Mai ist Nationalfeiertag. Mit Konzerten und Ausstellungen feiern die Letten die Wiederherstellung der Unabhängigkeit der Republik Lettland nach dem Ende der Sowjetunion. Die größten Feierlichkeiten finden in der Hauptstadt Riga statt.

Im Mai findet der jährliche Lattelecom Riga Marathon über zehn Kilometer statt. Der Halbmarathon umfasst sechs Kilometer.

In der Nacht vom 23. Juni auf den 24. Juni wird das traditionelle Līgo-Fest, das Fest der Sommersonnenwende, gefeiert. Kräuter werden auf den blühenden Wiesen gesammelt, Kränze geflochten, Feuer entzündet und darüber gesprungen. Kulinarisch stärkt man sich mit Johanniskäse, Speckkuchen und Bier.

Im Juli findet in Salacgrīva das Positivus Festival, ein jährliches, zweitägiges Sommermusik- und Kulturfestival, statt. Auf mehreren Bühnen treten Künstler verschiedener Musikgenres auf. Darüber hinaus gibt es Theateraufführungen, Filmvorführungen, sportliche Aktivitäten sowie Kunsthandwerk. Der Festival-Campingplatz befindet sich ganz in der Nähe.

Das Lettische Gesangs- und Tanzfestival findet seit 1873 üblicherweise alle fünf Jahre im Juli in Riga statt. Rund 40.000 Künstler nehmen über zehn Tage an über 60 Veranstaltungen teil. Hierzu zählen

Konzerte von Chören, Blasorchestern, Volksmusik-
gruppen, Vokalensembles und Folkloregruppen,
aber auch Präsentationen lettischer Volkstrachten,
lettisches Kunsthandwerk und Laientheaterauffüh-
rungen. Die Veranstaltungen sind teils kostenlos,
teils kostenpflichtig. Seit 2003 steht dieses Festival
in der UNESCO-Liste der Meisterwerke des mündli-
chen und immateriellen Kulturerbes. Das nächste
Festival wird voraussichtlich 2028 stattfinden.
Ende Juli lockt vor der atemberaubenden Kulisse eines Schlosses das Sigulda Opera Music Festival viele Besucher an.
Das internationale Festival für geistliche Musik, das
Sacred Music Festival, findet jährlich Ende August/
Anfang September in Riga statt. Der Schwerpunkt
liegt auf der Aufführung großer Vokal-, Instrumen-
tal- und A-capella-Stücke, die der Staatschor Lat-
vija präsentiert. Die Konzerte sind kostenpflichtig.
Seit 1989 findet jährlich am ersten Augustwochenen-
de in Mazirbe das Livenfest statt. Vertreter der
verwandten Völker aus Estland, Finnland, Ungarn
und der ganzen Welt treffen sich in dem einst größten livischen Dorf an der Küste Kurlands. Im Zeichen des Festes stehen die alten Traditionen und
ihr noch immer währender Einfluss in Dialekt, Literatur, Musik, Theater und Kunst.
Im Rahmen des dreitägigen Riga City Festival Mitte
August gibt es zahlreiche kostenlose Konzerte und
Veranstaltungen in den öffentlichen Plätzen und
Parks - Musik, Kunst und Essen stehen im Mittelpunkt.
Im September können sich Film-Begeisterte im Rahmen des Baltic Pearl Filmfestivals in Riga die ak-
tuellsten und bedeutendsten Filme der Filmpremi-

eren von Cannes, Venedig und Berlin sowie Meisterwerke des klassischen Films anschauen.

Studentu Paradīze - Studentenparadies - ist die angesagte Feier zur Eröffnung des akademischen Jahres bei der Tausende von aktuellen und zukünftigen Studenten im September in der Arena Riga zusammenkommen. Auf mehreren Bühnen treten lettische und ausländische Künstler auf.

Seit 2003 findet üblicherweise Anfang Oktober in Riga das Skaņu Mežs, ein Musikfestival für innovative, experimentelle und avantgardistische Musik statt.

Im November werden im Rahmen des Lichterfestival „Staro Rīga" Gebäude, Plätze, Brücken und Denkmäler in einmalige Licht-Kunstwerke verwandelt, verstärkt durch Multimedia-Effekte in Verbindung mit bildender Kunst, Musik und Theater.

Am 18. November ist Nationalfeiertag. Die Letten feiern die Ausrufung der Republik als eigenständiger Staat am 18.11.1918. Die rot-weiß-rote Nationalflagge flattert auch an unzähligen Wohnhäusern. In Riga gibt es eine große Militärparade und die Stimmung auf den Straßen erinnert an ein buntes Volksfest.

Weihnachtszeit in Riga mit traditionellem Weihnachtsmarkt auf dem Domplatz (Anfang Dezember bis Anfang Januar) und der weihnachtlichen Beleuchtung in den Parks entlang des Kanals von der lettischen Nationaloper, Bastejkalns bis zum Kronvalda-Park (Anfang Dezember bis Anfang Februar).

Route EUR 1 Lettland/ Riga.

Riga - wir sind gelandet! Die Sonne scheint! Der internationale Flughafen Riga (www.riga-airport.com) liegt nur zehn Kilometer südwest-

lich vom Stadtzentrum Riga entfernt. Kurz vor dem Ausgang ist eine Touristeninformation.

Ein Stadtplan ist gesichert. Um in die Innenstadt zu kommen, gibt es drei Optionen: Taxi (rund 15 bis 20 €, der Taxistandplatz befindet sich direkt vor der Ankunftshalle), Bolt (via App), Uber gibt es hier nicht. Am preiswertesten ist Bus 22 der Gesellschaft Rigas satiksme. Einmal quer über den Parkplatz und die Haltestelle ist erreicht. Ein Ticket kostet 1,50 Euro (Ticket im Kiosk links neben dem

Ausgang, Ticketautomat an der Haltestelle oder Cash zwei Euro beim Busfahrer (es ist die

einzige Strecke, auf der das Ticket auch beim Fahrer für zwei Euro gekauft werden kann). Der Bus Nummer 22 fährt zwischen 06:00 Uhr und 00:00 Uhr alle 15 bis 20 Minuten ab, die Fahrtzeit bis in die Innenstadt von Riga beträgt circa 30 Minuten.

Die öffentlichen Verkehrsmittel in Riga verkehren zwischen 05:30 und 23:30 Uhr. Die Fahrpläne, Fahrpreise und Informationen über den Fahrkartenerwerb in lettischer und englischer Sprache findet man auf der Webseite www.rigassatiksme.lv. Neben Bussen fahren auch Straßenbahnen und Trolleybusse.

Das 90-Minuten-Ticket für 1,50 Euro muss in jedem Fahrzeug neu registriert werden. Die letzte Ticket - Registrierung kann in der 89. Minute ab dem Moment der ersten Registrierung erfolgen und man darf mit diesem Transportmittel bis zur Endhaltestelle fahren. Darüber hinaus gibt es ein 24-Stunden-Ticket für fünf Euro, eine Drei - Tages-Karte für acht Euro, eine Fünf – Tages - Karte für zehn Euro und eine Monatskarte für 30 Euro (Stand Dezember 2023). Alle Tickets müssen in jedem genutzten Fahrzeug registriert werden.

Auf der Fahrt in die Innenstadt gibt es nicht viel zu sehen - Plattenbau, einfache Häuser, zum Teil noch aus Holz mit morbidem Charme, sogar dem Verfall preisgegeben. Von unserer Bushaltestelle sind es noch knapp zehn Minuten Fußweg bis zu unserem Hotel (Hanzahotel, Elijas iela 7). Nach kurzer Kaffeepause wollen wir die Altstadt erobern. Die dunkle Wolke über uns lässt nichts Gutes erahnen. Vorbei an der Akademie der Wissenschaften erreichen wir den Zentralmarkt. Der Regen setzt ein. Die Marktbeschicker im Außenbereich bringen ihre Ware in Sicherheit. Der Busbahnhof (Autoosta) liegt gleich gegenüber. Hier retten wir uns ins Trockene auf der Suche nach der Flixbus - Haltestelle. Morgen geht es weiter nach Tallinn. Die dunkle Wolke zieht weiter und wir ziehen durch die Markthallen. Der Zentralmarkt ist der richtige Ort, um auf besseres Wetter zu warten. Er wurde 1930 aus fünf ehemaligen Zeppelinhangars gebaut. Die

Hallen wurden unterkellert und bildeten eine circa zwei Hektar große unterirdische Stadt mit insgesamt 337 Meter langen Korridoren. Die 35 Meter hohen Glas- und Metallkonstruktionen haben den 2. Weltkrieg relativ unbeschadet überlebt. Der Markt gilt immer noch als einer der größten Märkte Europas. Die Hallen sind nach Waren geordnet.

Das ganze Jahr über kann man hier fast alles kaufen, was das Herz begehrt - Fisch, Fleisch, Obst, Gemüse, Backwaren, Käse, Gewürze, Blumen, Kleidung, Haushaltswaren und mehr.

Der Markt ist täglich von 7:00 bis 18:00 Uhr geöffnet, Sonntags bis 17:30.

Die Sonne lacht wieder. Der Altstadt-Erkundung steht nichts mehr im Wege. Riga liegt an der Mündung der Daugava (deutsch: Düna) und war bereits seit 1282 Mitglied der Hanse. Die Bürger von Riga gewannen wirtschaftlich immer mehr an Einfluss. Als Folge des nordischen Krieges von 1700 bis 1721 fiel Riga unter die Herrschaft des russischen Zaren Peter der Große. 1868 wurde die Lettische Gesellschaft für die nationale Bewegung gegründet. Diese kämpfte für die Rechte der Letten. Riga war das politische und kulturelle Zentrum während der ersten Unabhängigkeit

(1920 bis 1940). Am 1. Juli 1941 marschierte die deutsche Wehrmacht in Riga ein, am 13. Oktober 1944 die sowjetische Armee. Im Laufe der folgenden sowjetischen Besatzungszeit wurden Letten nach Sibirien deportiert und Russen vor Ort zwangsangesiedelt. Der Anteil der russischen Bevölkerung erhöhte sich auf über 30 Prozent. Nach dem Zerfall der Sowjetunion ist Riga seit 1991 wieder Hauptstadt eines unabhängigen lettischen Staates. Die Altstadt ist seit 1997 UNESCO-Weltkulturerbe. Die Petrikirche ist die

höchste Kirche Rigas. Sie wurde 1209 erstmals erwähnt und diente der Gemeinde, somit den Kaufleuten der Hanse und den Handwerker-

zünften, als Gotteshaus und Versammlungsort. Bei dem Aufstand der Stadtbevölkerung gegen den Livländischen Orden im Jahre 1297 wurde das Gebäude kurzzeitig als Waffenlager und Wachtturm genutzt. Die heute ältesten erhaltenen Bauteile befinden sich im Hochchor. Ursprünglich war die Kirche wohl nur ein kleiner, hallenartiger Raum mit drei gleich hohen und gleich breiten Schiffen. Die jetzige dreischiffige Basilika in

Backsteingotik ist das Ergebnis der Umbauten im 15. Jahrhundert. Um dem Bauwerk Stabilität zu verleihen, wurde der Chor um einen Kranz aus fünf Kapellen ergänzt. Im Mittelalter war sie die Pfarrkirche Rigas und bis zu der Umsiedlung der Deutsch-Balten 1939 die Hauptkirche der deutschen lutherischen Gemeinde. Dank des Wirkens des Priesters Andreas Knöpken wurde die Petrikirche ab 1522 das Zentrum der reformatorischen Bewegung in Riga. Seit 2022 ist sie wieder im Besitz der Deutschen Evangelisch-Lutherischen Kirche in Lettland. Der rund 130 Meter hohe Turm wurde Ende des 15. Jahrhunderts erbaut. 1666 dann stürzte er ein. 1690 wurde ein neuer Turm im Barockstil mit mehreren Kuppeln und Galerien errichtet, der zu seiner Zeit die höchste Holzkonstruktion in der ganzen Welt war. 1721 traf den Kirchturm ein Blitz und er brannte nieder. Auf Anordnung des russischen Zaren Peter I. wurde er in seiner früheren Form wieder aufgebaut. Während des 2. Weltkrieges wurde die Kirche zerstört und der Turm brannte wieder nieder. 1967 begann man mit seiner Rekonstruktion. Dieses Mal wurde eine Stahlkonstruktion mit Fahrstuhl eingebaut, damit man die Galerien als Aussichtsplattformen nutzen konnte. Die Besucher werden bis zur zweiten Galerie in eine Höhe von 72 Meter gebracht - ein Highlight mit Ausblick. Auf der Turmspitze der St.Petri Kirche saßen vom 15. Jahrhundert bis zum Jahr 1941 insgesamt sechs Hähne als Wetterfahnen. Den ersten Hahn hat der Sturm verbogen, den zweiten hat der Sturm abgerissen, den dritten Hahn hat der

Wind beschädigt und er wurde entfernt, der vierte Hahn ist während des Sturmes in den Hof der Kirche gefallen, der fünfte Hahn ist zusammengestürzt, der sechste Hahn, der schon einmal renoviert wurde, ist mit dem Turm heruntergestürzt. 1970 wurde der neue, der siebte Hahn aufgestellt, der schließlich zum achthundertsten Geburtstag des Gotteshauses völlig restauriert und neu vergoldet wurde. Im Juli 1975 wurde die erneuerte Turmuhr in Gang gesetzt, die nach alter Tradition nur einen Zeiger, nämlich den Stundenzeiger, hatte. 1976 erklang zum ersten Mal das Glockenspiel, das fünfmal pro Tag die Melodie des lettischen Volksliedes „Riga dimd" abspielt und jede volle Stunde seine Glockentöne erklingen lässt. Ein Kirchturm also mit höchst wechselvoller Geschichte. Der Innenraum der Kirche ist beeindruckend. Die Höhe des mittleren Schiffes beträgt 30 Meter. Originale wie die Kapelle der blauen Garde, der Holzaltar, die restaurierten Epitaphien aus Holz und Stein, sowie die riesigen Kerzenhalter mit ihren sieben Armen aus Bronze sind erhalten geblieben. Auch das Original der Statue des Ritters Roland, das früher auf dem Rathausplatz stand, hat hier sein Zuhause gefunden. Wir bewundern die Kirche nur von außen und den Kirchturm von unten.

Nördlich der Petrikirche in der Scharrenstraße (Skārņu iela) treffen wir auf die Bremer Stadtmusikanten (Brēmenes pilsētas muzikanti). Wir sind doch in Riga!? Nun, diese Skulptur wurde 1990 als Geschenk der Stadt Bremen an die Partnerstadt Riga übergeben und entspricht nur fast dem Bremer

Original, denn die Tierformation aus dem Esel, dem Hund, der Katze und dem Hahn ist zwischen zwei massiven Metallstangen angeordnet. Die Tiere schauen nicht auf ein Gelage feiernder Räuber, sondern durch einen Spalt des während der Sowjetherrschaft errichteten Eisernen Vorhangs. Sie schauen auf eine bis dato ihnen vorenthaltene Welt und die mit der Öffnung des Vorhangs sich nun bietende neue Freiheit - so die Interpretation. Es heißt, dass das Reiben der Nasen der Tiere Glück bringt. Je höher man reicht, umso mehr Glück würde einem zuteilwerden. Da die Skulptur zum touristischen Standardprogramm von Riga Besuchern zählt und diesen das Ritual von Stadtführern nahegelegt wird, glänzen die Nasen der Tiere mittlerweile goldfarben, insbesondere Esel und Hund werden zumeist liebkost.

Bernd erreicht die Hundeschnauze - unsere Reise kann nur gut verlaufen! Die aus Bronze gefertigte Skulptur steht auf einem steinernen Sockel und ist insgesamt drei Meter hoch. Weiter geht es zum

Domplatz, vorbei an

schönen alten Häusern

und Bernsteinläden. Ein

Spielplatz mit Einhorn,

Drache und Tapir, der

lockt nicht nur Kinder, sondern auch Besucher auf der Suche nach Fotomotiven an. Eine Bar namens Kresli, die noch unsere Lieblingsbar werden soll, ist voll besetzt. Sie wirbt mit günstigem frisch gezapftem Bier. Der Dom, die größte Kir-

che des Baltikums, ist berühmt für seine imposante Orgel, die mit 6718 Pfeifen, 124 Registern und vier Manualen eine der größten Orgeln der Welt ist. Gebaut wurde sie von der Orgelbaufirma Walcker aus Ludwigsburg. Heute gibt es leider kein Orgelkonzert. Der Dom ist geschlossen. Am Herderplatz (Herdera laukums) steht vor dem Domkloster in einem winzigen Garten das Denk-

mal von Johann Gottfried Herder, der 1764 bis 1769 an der Domschule unterrichtete. Er sammelte im Rahmen seiner Studien lettische Dainas. Dainas sind traditionelle lettische Gedichten und Volkslieder. Hinter dem Kloster, in der Palasta iela Nr.9, steht der Palast Peters I. Der Rat der Stadt hatte

ihm das Haus - keinen Palast - geschenkt. Eine Gedenktafel ist an der

Fassade angebracht.

Zwischen der Einmündung der Jēkaba iela und Pils iela auf den Domplatz steht das Haus der

Rigaer Börse im Stil venezianischer Renaissance. In der Jauniela lassen sich Jugendstilfassaden bewundern. Nicht weit entfernt in der Pils iela warten die „3 Brüder" auf Besuch. Das dreitei-

lige Gebäude-Ensemble entstand zwischen dem 15. und dem 17. Jahrhundert. Das älteste Gebäude, zugleich das älteste bekannte Steingebäude in Riga, die

Nr.17, wurde im 15. Jahrhundert erbaut, die Nr. 19 und 21 sind jüngeren Datums. Die Fassade des mittleren Gebäudes (Nr. 19) ist mit Ornamenten des niederländischen Malers Hans Vredeman de Vries verziert. Der Komplex ist charakteristisch für die Wohnhäuser der Hansestädte im Ostseeraum. Auf kleinsten Parzellen wurden diese Häuser als Gewerbe- und Handelshäuser errichtet. In diesen Häusern wohnte man, arbeitete man und trieb Handel. Im Laufe der Jahrhunderte gestalteten die Eigentümer sie immer wieder um. Nach der Zerstörung im Zweiten Weltkrieg wurden sie in den 1950er Jahren von Peteris Saulīis restauriert. Heute beherbergen die „3 Büder" das Museum der lettischen Architektur und die Büros der Denkmalschutzbehörde.

Das Saeima - Haus in

der Jēbaka iela ist seit 1920 Sitz des lettischen Parlaments. Es wurde zwischen 1863 und 1867 im Stil florentinischer Renaissance-Paläste errichtet und diente zunächst als Versammlungsort der Livländischen Landtage. Die Glocke der St.-Jakobs-Ka-

thedrale, die gleich nebenan steht, soll früher bei Feuer, Überschwemmungen und der Legen-

de nach, wenn eine untreue Ehefrau vorbeiging, geläutet haben. Auffällig ist die achtseitige Kirchturmspitze. Außerhalb des Turmes, unter einer speziellen Überdachung, hängt die verräterische Glocke.

In der Amatu iela, einer Seitenstraße der vom Domplatz abzweigenden Šķūņu iela, stehen die Gebäude der Großen (Lielā Ģilde) und Kleinen

Gilde (Mazā Ģilde). Die Große Gilde war Treffpunkt der deutschen Kaufleute, die Kleine Gilde war Treffpunkt der Handwerker. Das Haus der Großen Gilde wurde 1857 im Stil englischer Gotik erneuert, enthält jedoch noch ganze Räume (Münsterstube, Ver-

sammlungsraum, Braut-
kammer) des ursprüng-
lichen, vor dem Jahre
1330 errichteten Origi-
nalhauses. Auch der
Konzertsaal der Rigaer
Philharmonie befindet
sich in diesem Gebäude.
1903 wurden zur Gilde
gehörende Nachbarhäu-
ser abgerissen und da-
nach durch ein spätgo-
tisch anmutendes Wohn-
haus der Gilde (Amatu
iela 4) ersetzt. Auf dem
Giebel sitzt ein Junge,
der in ein Buch vertieft
ist.

Das erste Haus der
kleinen Gilde (Amatu
iela 5) entstand Mitte
des 14. Jahrhunderts.
1866 wurde es durch ein
Haus im Stil englischer
Gotik ersetzt.

Gegenüber der Großen
Gilde stehen auf den

Dachtürmchen eines Ge-
bäudes (Meistaru iela 10
Livenplatz) zwei aus
Kupfer gegossene Kat-
zen mit Buckel und auf-
gestellten Schwänzen.
Das berühmt - berüch-
tigte Katzenhaus wurde
im Jahr 1909 nach einem
Entwurf des Architekten
Friedrich Scheffel errichtet. Dieser gehörte zu-
sammen mit Heinrich
Scheel zu den ersten
Jugendstilpionieren von
Riga. Der Eigentümer des
Hauses, ein reicher let-
tischer Kaufmann, wurde
nicht in die Große Gilde
aufgenommen. Darauf-
hin ließ er die Katzen-
figuren anbringen, deren
Schwänze gegen das
Gebäude der Großen
Gilde gerichtet waren,
um das Unverständnis
über diese Entscheidung
auszudrücken. Angeblich
soll das Ganze sogar
einen Gerichtsprozess
ausgelöst haben - so die
Erzählung.

Am Livu laukums fällt
uns die Skulptur Liva

Galva auf.

Nun sind wir an der Torna iela angelangt. Sie führt vom Pulverturm zum Schloß. Der Pulver-

turm ist ein ehemaliger Festungsturm. 1621 zerstörten die Schweden ihn bis auf das Kellergeschoss. 1650 wurde er wieder aufgebaut. Heut-

zutage können sich Besucher im hier ansässigen Kriegsmuseum über den lettischen Unabhängigkeitskampf informieren. Die Torna iela gilt in

ihrer Gesamtheit als Architekturdenkmal. Drei gleichförmige zweigeschossige Gebäude, die Jakobskasernen, ziehen sich an der Nordseite entlang. Sie wurden in der zweiten Hälfte des 18. Jahrhunderts am Fuß des Befestigungswalles errichtet und ersetzten vier hölzerne Kasernengebäude. Direkt gegenüber steht ein wiederhergestelltes Stück der Stadtmauer mit dem Rahmerturm (Rāmera tornis). Dieser und der Pulverturm sind die einzigen noch verbliebenen Befestigungstürme. Das Schwedentor, das 1698

während der schwedischen Herrschaft errichtet wurde, ist das einzige bis heute erhalten

gebliebene Stadttor Rigas. Das Arsenal(Zollager) am Pils Laukums (vor dem Schloss) ersetzte 1832 das abgetragene schwedische Zeughaus.

Am Platz steht auch die Latvijas Banka, die let-

tische Zentralbank.

Im Machtkampf zwischen den Rigaer Bürgern und dem herrschenden Deutschen Orden wurde das Schloss

mehrfach von den Bürgern zerstört und unter Zwang des Ordens wieder aufgebaut. Später war es der Sitz der schwedischen und dann anschließend der russischen Gouverneure. Seit 1995 ist es die Residenz des lettischen Präsidenten.

Vorbei am Schloss laufen wir zum Ufer der Daugava. Hier wartet wieder eine Legende auf uns - der große Christophorus (11. novembra krastmala 9). Wie die Legende zu berichten weiß, lebte am Ufer der Daugava einst ein überaus kräftiger Mann, der als Fährmann arbeitete. In einer dunklen Nacht kam ein junger Knabe zu ihm und bat ihn, ihn über das Wasser zu tragen. Obwohl ein Gewitter im Anzug war, konnte der Mann dem Kleinen den Wunsch nicht abschlagen, nahm ihn auf die Schultern und trug ihn. Auf halber Strecke wurde die Last immer schwerer, so dass der starke Mann nur mit Mühe das andere Ufer erreichte. Mit letzter Kraft setzte er den Knaben am Ufer ab, und es zeigte sich, dass er das Christuskind war, wes-

wegen der Träger den Namen Christophorus erhielt. Die Legende vom Großen Christophorus, die von Mund zu Mund weitererzählt wurde, erfuhr verschiedene Änderungen und bewahrte bis heute verschiedene Interpretationen. Er soll das Kind mit in seine Hütte genommen haben, um ihm Schutz vor dem Sturm zu bieten. Als er am nächsten Morgen aufwachte, war das Kind verschwunden, aber an der Stelle, an der das Kind geschlafen hatte, lag ein Haufen Geld. Von diesem soll Riga erbaut worden sein. Sicher ist, dass um das Jahr 1510 herum in Riga am Ufer der Daugava eine Holzstatue auftauchte, der Große Christophorus, ein großer Mann, auf dessen Schultern ein kleiner Junge saß und der in den Händen eine Laterne und einen langen Stab trug. Seinerzeit war die Skulptur bei den Rigen-

sern sehr beliebt. Bei den Besuchen bat man um Schutz vor allem Bösen. So überstand die Statue Jahrhunderte. Das Original befindet sich derzeit im Museum für Rigaer Stadtgeschichte und Schifffahrt. Am Ufer der Daugava steht heute eine Kopie. Großer Beliebtheit erfreut sich der Christophorus insbesondere auch in der Filmbranche, denn er ist ein bedeutender lettischer Filmpreis, der alljährlich verliehen wird.

Derweil quälen uns Hunger und vor allem Bierdurst. Bei Lido (Kråmu iela 2) ergattern wir einen freien Tisch. Lido ist kein Nachtclub, sondern eine Kette mit Buffet. Das Bier ist lecker und Flüssigkeit ist dringend nötig. Die Portionen sind großzügig. Kalte Rote Beete Suppe mit Dill, Kefir und Gurke, überbackenes Fischfilet, warme Gemüsesuppe, Rote Beete Salat, Bohnengemüse. Wir werden

satt und der Durst wird gelöscht.

Überall auf den großen Plätzen gibt es Free-Wifi

Zonen. Zahlreiche Geschäfte locken mit Bernstein-Angeboten.

Anschließend spazieren wir langsam über

den Rathausplatz mit dem Schwarzhäupter-

haus zurück. Das historische Ensemble von Rathaus und Schwarzhäupterhaus wurde im 2. Weltkrieg völlig zerstört,

ist aber komplett rekonstruiert worden.

Das Schwarzhäupterhaus wurde 1334 zum ersten Mal urkundlich als neues Haus der Großen Gilde erwähnt und ist im Stil der holländisch - flämischen Zunfthäuser erbaut. Das im gotischen Stil errichtete Gebäude mit seinem steilen Giebeldach, dessen First die stattliche Höhe von 27 Metern erreicht, entsprach einem mittelalterlichen Wohnhaus. In den folgenden Jahrhunderten wurde es mehrfach umgebaut und erhielt Anfang des 17. Jahrhunderts seine Renaissancefassade und die riesige Uhr.

Bis zum 17. Jahrhundert kamen in dem Gebäude Bruderschaften und Vereine Rigas zusammen. Es entsprach den in anderen Städten zur damaligen Zeit errichteten Artushöfen. Dann ging es in den Besitz der „Compagnie der schwarzen Häupter" über. Diese war eine Vereinigung fahrender Kaufleute, die den Heiligen Mauritius, der Überlieferung nach ein Afrikaner, als ihren Schutzpatron betrachteten. Daher der Name Schwarzhäupter.

Das Haus diente für Geschäfte, Zusammenkünfte und Feiern. Zumeist handelte es sich um junge, ledige ausländische Kaufmänner, die keine Bürgerrechte besaßen und das Haus dann als Junggesellenclub nutzten. Die zwei deutschen Sprüche an der Fassade „Den Gerechten Gott liebt und ehrt, sein Geschlecht er segnet und vermehrt", „Wider Gesetz und Gewissen handeln, thut Gottes Segen in Fluch verwandeln" spiegeln

die erstrebenswerten „Business Regeln" der

damaligen Zeit wider. Auf der Giebelspitze sitzt die Wetterfahne Heiliger Georg im Kampf mit dem Drachen. Direkt darunter krönt die Giebelfassade ein Relief von König Artus mit Zepter und Reichsapfel. Links von ihm ist ein Löwe mit Schild zu sehen und rechts von ihm ein Blumenstrauch mit Möwe. Unter dem Relief von König Artus glänzt eine astronomische Uhr in ihren blauen und goldenen Farben. Sie wurde 1626 als „Calendarium perpetuum" oder „Ewiger Kalender" herge-

stellt. Die vier mit Symbolen versehenen Zeiger geben neben dem Monat (Mond), Datum (Stern), Stunde (Sonne) und Minute (Schlange) an. Darüber hinaus verfügt die Uhr über gesonderte Mondphasen- und Wochentagsanzeigen. Heute ist hochmoderne Computertechnik zuständig für die Steuerung der originalgetreuen Nachbildung. Die historische Uhr verfügte dagegen über eine aufwendige Feinmechanik. Zu dem Gebäudekomplex gehören auch das angrenzende Schwabe - Haus und der Speicher der Blauen Garde. Im neuen Seitenanbau ist die Touristeninformation (täglich 10-19 Uhr) untergebracht.

Auf dem Rathausplatz

steht als Symbol für die Freiheit und Rechte der Stadt eine Statue des Ritters Roland mit dem Rigaer Wappen und dem Schwert. Schon im 14. Jahrhundert stand in Riga eine hölzerne Rolandfigur, die jedoch nicht erhalten geblieben ist. Im Jahr 1894 wurde dann eine von dem Bildhauer August Volz geschaffene neue Rolandfigur aus Sandstein in der Petri-Kirche aufgestellt. Auf dem Rathausplatz steht nur noch eine Kopie dieser Figur.

In Ufernähe fällt ein monumentales, 13 Meter hohes Denkmal auf. Auf einem hohen Sockel

steht das Denkmal der lettischen Schützen, eine Gruppe von drei Männern, die jeweils Rücken an Rücken stehen. Es entstand in der Zeit der sowjetischen Besetzung Lettlands und ehrte die sogenannten Roten Lettischen Schützen, die ab 1917 aus den Lettischen Schützen hervorgegangen waren. Sie kämpften auf der Seite der sowjetischen Bolschewiki und traten für eine Lettische Sozialistische Sowjetrepublik ein. Während des Lettischen Unabhängigkeitskriegs von 1918 bis 1920 standen die Roten Lettischen Schützen daher gegen die nach Unabhängigkeit von Russland bzw. der Sowjetunion strebenden bürgerlichen Kräfte Lettlands. Nachdem Lettland 1991 wieder ein unabhängiger Staat war, wurde auf Initiative lettischer Historiker und des Architekten Gunārs Lūsis–Grīnbergs im Jahr

2000 die im Sockel befindliche Inschrift geändert. Das lettische Wort für Rote sowie ein Sowjetstern wurden entfernt. Auf der einen Seite des Sockels ist heute auf Lettisch vermerkt: LATVIESU STRELNIEKI 1915 –

1920. Nun gedenkt das Denkmal allgemein den Lettischen Schützen in der Zeit von 1915 bis 1920. Warum ein brachialer Abbruch des Denkmals, wenn es auch geschickter geht.

Jetzt geht es zurück zum Hotel. Wir kommen ja zurück und haben dann mehr Zeit. Ein letztes Bier im Speicherviertel mit Mentzendorf-

haus, Dannensternhaus, Reformationskirche sowie Reuternhaus gönnen

wir uns noch. Gegenüber

scheint ein Straßen-Treffpunkt Jugendlicher zu sein. Man begrüßt sich herzlich, schwatzt und spielt Gitarre. Es tut der Sicherheit keinen

Abbruch, dass ihr Outfit

mit schwarzer Kleidung und schwarzer Schminke eher an Grufties denken lässt.

Auf dem Weg zum Hotel passieren wir wieder die Lettische Akademie der Wissenschaften. Dieser Prachtbau glänzt noch in

der Abendsonne. Die Akademie ist die höchste wissenschaftliche Institutionen Lettlands. In 1961 schenkte die Sowjetunion dem lettischen „Bruderstaat" das Gebäude als Kultur- und Wissenschaftspalast. Es wird deshalb von den Einheimischen mit einem Augenzwinkern als „Stalins Geburtstagstorte" oder „Stalin Kathedrale" genannt. Mit 21 Stockwerken gilt das Gebäude als erstes Hochhaus Lettlands. Auf etwa 65 Metern Höhe im 16. Stock befindet sich eine Aussichtsplattform, von der nicht nur Forschende einen Blick über Riga, seine Altstadt und den Fluss Düna (Daugava) werfen können, sondern auch Besucherinnen und Besucher der Stadt. Man kann die Skyline von Riga bewundern, das Leben auf dem Zentralmarkt verfolgen, einen Blick auf den modernen Bau der Nationalbibliothek auf der anderen Seite der Daugava werfen und den Fernsehturm auf der Insel Zaķusala sehen. Mit dem Aufzug fährt man bis in den 14. Stock und muss dann nur noch zwei Etagen zu Fuß bewältigen.

Auch Polens Hauptstadt Warschau bekam von Stalin einen Kultur-

und Wissenschaftspalast geschenkt, der dem in Riga sehr ähnlich sieht. Mit einer Höhe von 237 Metern ist er aber eine Nummer größer.

Am nächsten Morgen um 7:10 Uhr soll unser Flixbus abfahren. Er kommt mit 15minutiger Verspätung, avisiert per Mail, die uns nicht mehr erreicht hat, da wir das Hotel schon verlassen hatten. Eine junge Frau erzählt es uns. Sie ist Libanesin aus Beirut, Politik-Studentin und absolviert ab Herbst zwei Semester Politik-wissenschaften an der FU in Berlin. Ein rus-sischsprachiger Fahrgast fragt nach. Ein Vietnam-nese, der in Paris lebt, kommt mit ins Gespräch. Die Welt ist internatio-nal, selbst im kleinen Lettland.

Wir fahren entlang der Küste - flaches Land, hin und wieder ein Gewer-begebiet, Wald, manch-mal Meerblick, gepflüg-te Felder, bevölkert von Vogelscharen, die eifrig picken. In Pärnu stellt sich heraus, dass der Bus überbucht ist. Zwei neue Passagiere haben keinen Sitzplatz.

Der Grenzübertritt ist unproblematisch.

Lettland-kulinarisch

Rupjmaize: Ein dunkles Roggenbrot, auch eine Grundlage einer Brot-suppe und des typischen Rupjmaizes kārtojums, ein Dessert aus mit Zu-cker und Zimt gewürz-tem, zerkrümeltem Brot, Sahne und Marmelade.

Kaltebiešu aukstā zu-pa: Kalte Rote-Beete-Suppe, frisch verfeinert mit Gurke, Dill, Kefir.

Sklandrausis: Kuchen aus Kartoffelteig mit ei-ner Füllung aus Karotten und Quark.

Jāņu siers (Johanniskä-se): Zubereitung aus u.a. Milch, Quark, Eiern, But-ter und Kümmel, wird traditionell am Mittsom-merfest gegessen.

Fünf Highlights in Estland

Die geschichtsträchtige und zugleich moderne Hauptstadt des Landes, Tallinn erkunden - den Domberg mit seiner imposanten Alexander-Newski-Kathedrale erklimmen; von dort oben die fantastischen Ausblicke auf die gut befestigte Altstadt genießen; in der Altstadt an alten Kaufmannshäusern vorbeilaufen, auf dem Rathausplatz das bunte Treiben beobachten, die Nikolaikirche besichtigen und oben von ihrem Turm die Aussicht genießen; die Wandgemälde in Telliskivi Creative City bewundern; im Rotermann Quartier moderne Architektur studieren und durch das von Versailles inspirierte Schloss Kadriorg und seine Gärten spazieren.

Eine Moorschuhwanderung und Kanufahrt durch den rund 390 Quadratkilometer großen Soomaa Nationalpark, dem größten Moor-, Wiesen- und Auwaldgebiet Estlands, wagen und dabei mit ein bißchen Glück Elche, Wildschweine, Luchse und Biber beobachten.

Im Alutaguse Nationalpark Braunbären fast hautnah erleben. Im Rahmen des Bear Forest Projects stehen auf dem Gelände inmitten des Kiefernwaldes Hütten, in denen man übernachten kann. In kleinen Höhlen und unter mehreren Holzverschlägen wird Futter für Füchse, Elche, aber auch für Wölfe und Bären versteckt. Durch spezielle „Fotoluken" können die Tiere beobachtet werden.

Die größte Insel Estlands Saaremaa erkunden - an der Panga Steilküste entlang wandern; den Angla Windmühlenpark mit den alten typischen Bockmühlen besuchen; alte Wehrkirchen sowie die kleinste Kirche, die glockenturmlose Karja Kirche, die Landkirche mit den meisten Steinskulpturen in ganz Nordeuropa, besichtigen; über typische Wacholder-Weiden wandern; Zugvögel und Robben beobachten; den Kaali-Meteoritenkrater, Hauptkrater eines vor etwa 4000 Jahren erfolgten Meteoriteneinschlages, besuchen. Das Kaali Meteoritenkraterfeld soll das eindrucksvollste Eurasiens sein. Pärnu, die Sommerhauptstadt Estlands, besuchen. Der drei Kilometer lange Sandstrand gilt als schönster Strand Estlands. Zudem ist die Stadt historisch durch ihre Kur- und Schlammbäder bereits seit 1838 bekannt. Zahlreiche Restaurants, Cocktailbars, SPAs und eine gelassene Atmosphäre sorgen für echtes Urlaubsfeeling. Zudem ist der größte Familien-Themenpark Estlands „Lottemaa" nur sechs Kilometer weit entfernt. Lottemaa ist ein pittoreskes, in einem Wald am Strand gelegenes Erfinderdorf, das aus den „Lotte"-Zeichentrickfilmen und -Büchern bekannt ist und hier realisiert wurde.

Klima und Reisezeit

Das Klima entspricht der Lage in den nördlichen Breitengraden,kontinental gemäßigt mit maritimen Einflüssen der Ostsee. Es gibt vier Jahreszeiten mit großen Temperaturunterschieden, ein kurzer milder Frühling, im Sommer durchschnittliche Temperaturen zwischen 18 und 20 Grad Celsius, aber auch Werte über 30 Grad sind möglich. Der lange und kühle Winter bringt Temperaturen zwischen minus 3 und minus 6 Grad Celsius. Regen gibt es das ganze Jahr über. Der meiste Regen fällt von Juli bis

September. Im Winter kommt es zu ergiebigen Schneefällen. Die beste Reisezeit ist von Mai bis September.

Events

Liegt am Faschingsdienstag, am Vastlapäev, genug Schnee, trifft man sich zum Schlittenfahren. Laut altem Volksglauben soll dann das Getreide im Sommer besser wachsen. Anschließend gibt es Erbsensuppe und einen Vastlakukkel (eine Art Windbeutel). In Estland gibt es keinen richtigen Karneval.

Am 24. Februar feiern die Esten ihren Unabhängigkeitstag. Auf dem Tallinner Domberg wird die estnische Fahne gehisst, es folgen eine Militärparade und ein Empfang des Präsidenten. Konzerte können besucht werden. Für das leibliche Wohl sorgt Kiluvõileib - das Unabhängigkeits-Sandwich aus dunklem Roggenbrot, belegt mit Sprottenfilet und Eierhälften, dekoriert mit der estnischen Fahne.

Im April lockt das jährliche internationale Musikfestival Jazzkaar viele Jazz-Begeisterte in das Kreativviertel Telliskivi. Es ist die größte Jazz-Musikveranstaltung im Baltikum. Während der achttägigen Jazzkaar treten etablierte einheimische Jazzmusiker als auch Newcomer und weltberühmte Musiker aus der ganzen Welt auf.

In der Volbriöö, der Walpurgisnacht, am 30. April, ist es nicht ungewöhnlich, Hexen anzutreffen.

Einmal im Jahr, an einem Mai-Samstag, bietet die Nacht der Museen kostenlosen Museumszugang.

Der LHV Mai-Lauf in Tallinn ist ein traditioneller Lauf

für Frauen über sieben Kilometer und Mädchen über drei Kilometer.

Zumeist im Mai findet die Tallinn Music Week (TMW), ein internationales Musik- und Stadtfestival, statt. Es ist eine der größten Musikveranstaltungen in Skandinavien und die größte im Baltikum mit estnischen sowie internationalen Künstlern und DJs. Außerdem werden diverse Workshops, Kunstausstellungen und Pop-up-Restaurants angeboten.

Anfang Juni bieten die Tallinner Altstadt-Tage ihren Bürgern und Besuchern verschiedene kostenlose Musik-, Theater-, Kunst- und Sportveranstaltungen an.

Zur Sommersonnenwende, in Estland Jaanipäev genannt, trifft man sich mit der Familie und Freunden am Abend des 23. Juni, um den längsten Tag des Jahres zu feiern. Man singt und tanzt. Bei Einbruch der Dunkelheit gilt es, die mystische Farnblüte zu finden, die Wohlstand und Glück verspricht. Traditionell gehört zum Jaanipäev ein Lagerfeuer, über das man springt.

Die Sänger- und Tanzfeste (Laulupidu) mit Chören und Tanzgruppen aus ganz Estland finden alle fünf Jahre am letzten Juni- oder ersten Juli-Wochenende in Tallinn auf dem Tallinner Sängerfeld (Narva maantee 95, Kesklinna linnaosa, Tallinn) statt. 2019 feierte das Festival sein 150-jähriges Bestehen mit rund 100.000 Besuchern. Zeitversetzt gibt es zwei dieser Feste - das allgemeine Sänger- und Tanzfest und das Jugend-Sänger- und Tanzfest. Die estnischen Sänger- und Tanzfeste sind eine UNESCO-geschützte Tradition. Pandemiebedingt fand das letzte Jugend-Festival 2023 statt und das nächste große Sänger- und Tanzfest wird es 2025 geben.

Anschließend will man wieder in den alten Rhythmus zurückkehren.

Mitte Juli lockt die WRC Rallye Estonia zahlreiche Motorsport-Fans an. Gefahren wird die Rallye auf kurvenreichen Schotterstraßen im hügeligen Süden rund um Tartu. Die besten Fahrer aus den baltischen Staaten, Russland und den nordischen Ländern treten in verschiedenen Klassen gegeneinander an.

Am dritten Juli-Wochenende steht das Viljandi Folk Music Festival im Mittelpunkt der Burgruine in Viljandi in Südestland. Gespielt wird traditionelle sowie moderne Musik.

Am ersten August-Wochenende können sich Sportler beim Ironman Tallinn austoben. Der Wettkampf zieht sich über mehrere Tage und führt durch die Tallinner Altstadt. Gleichzeitig findet auch das Ironkids-Kinderrennen statt.

Am 20. August ist Nationalfeiertag. Die Esten feiern landesweit mit einer Vielzahl von Veranstaltungen die Wiedererlangung der Unabhängigkeit nach der Sowjetzeit.

Ende August werden nach alter Tradition in der Nacht der alten Lichter zur Erinnerung an die früheren Leuchtfeuer am Meeresstrand Feuer entzündet - derweil eine allgemeine Volkstradition rund um die Ostsee. Früher wiesen die Feuer den Fischern den richtigen Weg.

Im September lädt das estnische Freilichtmuseum in Tallinn zum Tag des estnischen Brotes und zum Bauernmarkt. Im Mittelpunkt steht das traditionelle Roggenbrot. Auf dem großen Herbstmarkt kann man typisch estnische Speisen probieren und estnisches Kunsthandwerk kaufen. (Estnisches

Freilichtmuseum, Vabaõhumuuseumi tee 12, Tallinn).

In der zweiten Septemberwoche findet der Tallinn Marathon, an dem Tausende Marathon-Fans und Hobbyläufer teilnehmen, statt. Er umfasst den klassischen Marathon (42,2 Kilometer), einen Halbmarathon (21,1 Kilometer) und den 10 Kilometer langen RIMI Herbstlauf.

Am 10. November, dem Martinstag bzw. Mardipäev und am 25. November dem Kathrinstag bzw. Kadripäev gibt es die Tradition, dass Jungen in Mädchenkleidern herumlaufen und umgekehrt Mädchen in Jungenkleidung.

Die im November stattfindende Woche der Estnischen Musik lädt zu einer Zeitreise durch die professionelle estnische Musik ein.

PÖFF - das Filmfestival der Dunklen Nächte lockt Ende November viele Besucher nach Tallinn. Über einen Zeitraum von zwei bis drei Wochen werden auf diesem internationalen Filmfestival Hunderte von Filmen in Tallinn, einige auch in Tartu, gezeigt. Jedes Jahr wird eine andere Thematik gewählt.

Zur Weihnachtszeit lockt der traditionelle Weihnachtsmarkt auf dem Tallinner Rathausplatz. Das Herz des Marktes ist der Weihnachtsbaum. Seine Tradition reicht bis ins Jahr 1441 zurück. Er soll der erste Weihnachtsbaum Europas gewesen sein. Auch im Kreativ-Viertel Telliskivi findet an einem Adventswochenende ein Weihnachtsmarkt statt und im Estnischen Freilichtmuseum gibt es ein Weihnachtsdorf.

2022 wurde Tallin in die Liste der UNESCO-Kreativstädte als Stadt der Musik aufgenommen.

Route EUR 2 Estland/ Tallinn.

Vom Flughafen kommt man mit öffentlichen Verkehrsmitteln via Bus 15 oder via Tram 4 (fährt bis Ende 2024 nicht) in die Innenstadt (alternativ Taxi, Uber, Bolt). Aufgrund von Bauarbeiten, die bis Ende Februar 2025 dauern sollen, gibt es derzeit zahlreiche Änderungen der öffentlichen Verkehrswege und auch des Verkehrsmanagement im Stadtzentrum. Wir kommen von Lettlands Hauptstadt Riga einfach mit dem Bus.

Vom Busbahnhof in Tallinn sind es gut 20 Minuten Fußweg zu un-

serer Poska Villa im gehobenen Kadriorg Viertel. Alternativ hätten wir Uber, Bolt oder die lokale App Taxify nutzen können.

Geführt wird das Haus von einigen älteren Damen. Auf dem Gelände steht auch ein Altenheim. Ob es Bewohnerinnen sind? Nicht direkt,

das Haupthaus ist Begegnungsstätte für Senioren, in der verschiedenste Aktivitäten angeboten werden. Unsere Gastgeberin ist eine der Organisatorinnen.

Dummerweise fängt es an zu regnen und wir legen erstmal eine Mittagspause ein.

Erstmals urkundlich erwähnt wurde das heutige Tallinn 1154. Schon damals war es ein recht wichtiger Verkehrsknotenpunkt. Der erste Hafen entstand wohl bereits im 11. Jahrhundert. Um sich vor Angreifern zu schützen, wurde damals eine stabile Stadtmauer mit zahlreichen Wachttürmen errichtet, die heute noch in weiten Teilen erhalten ist.

Ab 1227 gewinnt über große Teile von Estland der Deutsche Orden die Herrschaft. Er gründete 1230 die Stadt Reval. Heute heißt sie Tallinn. Unter der Ordensherrschaft trat die Stadt 1284 der Hanse bei. Es folgte ein schneller wirtschaftlicher Aufstieg.

Mitte des 14. Jahrhunderts erhielt die Stadt zusammen neben Pärnu und Riga das sogenannte Stapelrecht. Danach musste jedes Schiff auf dem Weg nach Russland in einer der drei Städte festmachen und seine Waren für einige Tage auf dem Markt anbieten. So wurde die Stadt zu einem wichtigen Handelsknoten im Hanse-Netzwerk und gelangte zu beachtlichem Reichtum. Jeder Kaufmann, der etwas auf sich hielt, brauchte natürlich eine

ansehnliche Repräsentanz und so reiht sich in den Gassen rund um den

Rathausplatz, den Raekoja plats, und die Lange Straße, die Pikk jalk ein prunkvolles Gildehaus an das andere. Auch ein entsprechend repräsentables Wohnhaus musste natürlich im Zentrum liegen.

1410 hat der Deutsche Orden versucht Estland über einen Landkorridor an Ostpreußen anzugliedern, erlitt jedoch eine vernichtende Niederlage. Die Schlacht bei Tannenberg gilt seither als ein entscheidender politischer Wendepunkt. Der Livländische Krieg (1558-1583) beendete die Vormachtstellung des Ordens. Mit dem Zerfall des Ordensstaates im 16. und 17. Jahrhundert begann dann auch Tallinns Niedergang.

Nach 1945 wurde Tallinn die wichtigste Industriestadt Estlands. Heute ist die Hauptstadt Estlands auch das kulturelle Zentrum des Landes.

Die Sonne scheint wieder. In unserem Viertel stehen noch viele der al-

ten villenähnlichen Holzhäuser, zum Teil leider mit morbidem Charme.

Wie wir später feststellen können, gibt es nicht nur in diesem Viertel recht viele Luxusautos. Gibt es eine große wohlhabende Oberklasse? Oder hat die russische oder estnische Mafia ihre Hände im Spiel?

Der Kadriorg-Park mit seinen wunderschönen,

prachtvoll arrangierten

bunten Blumenbeeten und bewaldeten Arealen ist unser erstes Ziel. Hier

erinnert ein Denkmal an den 1803 geborenen und 1882 gestorbenen estnischen Schriftsteller und Arzt Friedrich Reinhold Kreutzwald. Er übersetzte deutsche Werke ins Estnische in teilweise sehr freien Adaptionen. 1850 wurde ihm die Aufgabe übertragen, eine begonnene Sammlung estnischer Sagen und Volkslieder zu komplettieren. Diese Nachdichtung von Volkssagen und Volksliedern, der Kalevipoeg, gilt heute als das estnische Nationalepos.

Repräsentativ ist das Schloss Kadriorg. Dieses

ließ im Jahr 1718 der russische Zar Peter I. errichten und nannte es zu Ehren seiner Frau Katharina I. Catharinenthal, auf estnisch heißt es Kadriorg, auf russisch Jekaterinental. Das vom italienischen Architekten Nicola Michetti entworfene Schloss mit seinem reich verzierten Hauptsaal ist eines der besten und schönsten Beispiele der Barockarchitektur in Estland und ganz Nordeuropa.

Das ehemalige Zarenschloss wird nach dem Vorbild von Versailles

von Hecken, einem Springbrunnen und ei-

nem geometrisch ange-
legten Blumengarten

umgeben. Im Innenhof
treibt ein recht grimmig
blickender Neptun sein

Unwesen. Wir beobach-
ten eine Gärtnerin bei
ihrer Arbeit und loben
sie für die Blumenarran-
gements. Es ist kaum zu
glauben, aber die Dame
ist allein verantwortlich
für die gesamte Garten-
anlage.

Im Schloss befindet
sich das Kunstmuseum
von Kadriorg mit einer
aktuellen Sonderaus-
stellung westeuropäi-
scher und russischer
Kunst des 16. - 20. Jahr-

hunderts. In guter Nach-
barschaft zum Schloss

gibt sich der lettische

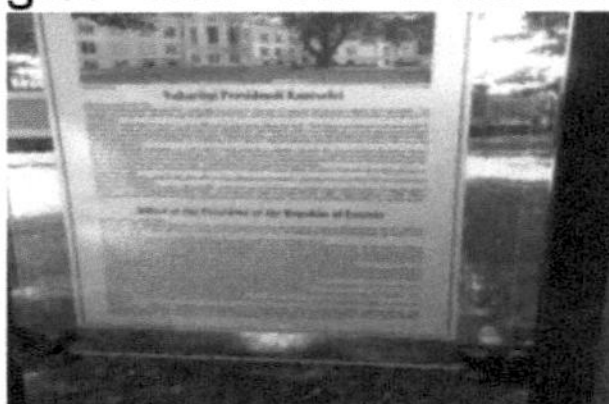

Präsident die Ehre. Zwei

stoisch geradeaus blick-
ende Gardesoldaten be-
wachen den Eingang zur
Residenz. Ob die Bienen-
stöcke des Präsidenten
den Frühstückshonig lie-

fern? Die Bienen stam-
men aus Niederöster-
reich und Slowenien und
scheinen sich in ihrer
nektarreichen Parkum-
gebung sichtlich wohlzu-
fühlen. Wir laufen durch

den herrlichen Wald des
Parkes Richtung Meer
und genießen die Natur
und die Stille. Russalka
ist unser Ziel. Das Rus-
salka - Denkmal wurde
1902 von dem estnischen
Bildhauer Amandus Ad-
amson geschaffen. Es
erinnert an den Unter-
gang des russischen

Kriegsschiffs Russalka

im Jahre 1893 im Finnischen Meerbusen. Die 16 Meter hohe Skulptur stellt einen Engel aus Bronze dar, der mit dem orthodoxen Kreuz in der Hand auf das Meer in

Richtung des vermeintlichen Ortes des Schiffbruches zeigt. Die Sprache lässt sich nicht entziffern, Bernd liest „Pyjama". Ein gewaltiges Kreuzfahrtschiff zieht

vorbei Richtung Hafen. Am Strand toben Kinder in Badekleidung im Wasser. Möwen kreischen. In der Ferne sind kleine Segelschiffe unterwegs.

Tallinn liegt am Meer und ermöglicht bei gutem Wetter auch einen gemütlichen Strandurlaub. Die Jahresdurchschnittstemperatur bewegt sich zwar nur um 16 Grad Celsius, aber im Sommer kann auch hier das Thermometer auf bis zu 30 Grad ansteigen. Es gibt vier Sandstrände an der Tallinner Ostsee. Der zwei Kilometer lange Pirita-Strand ist der beliebteste. Er bietet zudem exzellente Ausblicke auf die Altstadt und den regen Schiffsverkehr im Finnischen Meerbusen.

Die asphaltierte Pirita-Promenade verläuft entlang des Strandes und lädt zum Radfahren, In-

line-Skaten und Spazie-
rengehen ein.

Entlang der Strand-
promenade, der Reidi
tee, geht es für uns wie-
ter Richtung Hafen/ Alt-
stadt. Ist es nur mo-

geräte, die unseren Weg
säumen?

Derzeit wird in Tallin
bis Sommer 2025 an
einer neuen Tram-Linie
gebaut. Eine riesige Bau-
stelle zwingt zu kleinen
Umwegen. Eine alte rus-
sisch - orthodoxe Holz-

derne Kunst oder sind es

alte maritime Kriegs-

kirche liegt auf dem
Weg. Wir starten unsere
erste Schnupperrunde
durch die ehemals gut

befestigte Altstadt. Die Dicke Margarethe ist eine der vielen Türme von Tallinn.

Heute beherbergt sie das Estnische Seefahrtsmuseum und gehört zum Welterbe der UNESCO. Das Museum bietet einen Überblick über den Seehandel, maritime Berufe und die Navigation im Mittelalter und in der Zeit der Segel-, Dampfsowie Motorschiffe. Insgesamt stehen den Besuchern Tausend Quadratmeter Ausstellungsfläche zur Verfügung. Das wichtigste Ausstellungsstück ist das Wrack einer im Jahr 2015 im Stadtteil Kadriorg aufgefundenen, 700 Jahre alten Kogge. Sie bleibt uns verborgen, denn wir sind fußmüde und sehnen

uns nach einem gut gekühlten Bier und einem typischen Abendessen. In der Pikk, einer der Hauptstraßen der Alt-

stadt, locken zahlreiche Restaurants in den alten Kaufmannshäusern. Be-

kannt ist das mittelalterliche Restaurant Die Olde Hansa. Die Speisekarte bietet neben Wildgerichten andalusischen Lachs oder Gerichte vom iberischen Schwein. Wie

estnisch ist das? Gleich

gegenüber hofft der Peppersack auf zahlreiche Gäste. Wir ziehen weiter und landen letztlich im russisch-estnischen Café Troika. Lokale Biersorten (dunkel, dunkel mit Met, braun oder light) laden zum

probieren ein und kühlen die ausgetrocknete Kehle. Dazu gibt es Hering mit dunklem Brot, Rahm und Dillkartöffelchen sowie einen typischen Suppentopf mit

mit Kohl und Fleisch mit Brot überbacken, dazu

einen Wodka. Der Weg zum Hotel ist noch zu schaffen. Die letzten zehn Minuten holt uns dann doch noch ein Regenschauer ein. In unserer Villa funktioniert das Internet kaum. Hat Estland nicht den Ruf, das beste vernetzte und digitalisierte Land im Norden zu sein?

Am nächsten Morgen erwarten uns ein estnisches Frühstück mit Matjes, Sprotten, dunklem Brot, Ei, Wurst, Käse, Obst und Joghurt sowie ein nettes Gespräch mit unserer Wirtin über Land und Leute.

Gut gestärkt starten wir bei Sonnenschein.

Vorbei am Finanzzentrum und am World

Trade Center treffen wir auf eine nackte Schön-

heit. In einem Park lockt die Konkurrenz mit ihren

Reizen. Stoisch nachdenklich sitzt der estnische Schriftsteller Anton Hansen Tammsaare

(1878 -1945), dessen fünf-

teiliger Romanzyklus Tõde ja õigus als eines der wesentlichen Werke der estnischen Literatur gilt, auf einer Parkbank. Ob er wohl in Erinnerungen schwelgt oder über einen neuen Roman nachdenkt? Ein Baum in einem riesigen Blumen-

topf ist ebenfalls ein hübsches Fotomotiv. In einem modernen Zentrum glänzen auch die

Kirchen futuristisch im Design. Das Konzert-,

Theater- und Opernhaus liegt auf dem Weg,

genauso wie das sehenswerte historische Gebäude, in dem der-

einst die Kreditgenos-
senschaft des estni-

schen Adels residierte
und in dem man sich

heute im Eesti Panga
Museum über die Ge-
schichte des estnischen
Geldes und die Aufgaben
der Zentralbank infor-
mieren kann.

Wir erreichen den Frei-
heitsplatz mit der Sie-
gessäule. Am 20. August
2009, dem 18. Jahrestag
der Wiedererlangung der
Unabhängigkeit von der
Sowjetunion, wurde er

wieder in seiner heuti-
gen Form eröffnet. Ak-
tuell finden Bauarbeiten
statt. Der Freiheitsplatz
ist der Tallinner Reprä-
sentationsplatz, populä-
rer Treffpunkt und Fuß-
gängerzone. Im Laufe
der Geschichte hat die-
ser Platz verschiedene
Namen getragen - Heu-
markt (Heinaturg), Pe-
tersplatz (zu Ehren von
Zar Peter I.), Siegesplatz
(Võidu väljak) und seit
1989 wieder Freiheits-
platz (Vabaduse väljak).
So hieß er von 1939 bis
1948 schon einmal. Den

Abschluss der Siegessäule bildet ein Kreuz,

das Kreuz der Freiheit, mit dem Euro-Emblem und einer Pistole in der Mitte. Es ist ein Denkmal für den estnischen Unabhängigkeitskrieg der Jahre 1918 bis 1920. Wie passt dann das Eurozeichen dazu? Vielleicht steht das E ja auch für Estland? Am Platz befindet sich auch die ockerfarbene Jaani kirik. Diese lutherische Pfarrkirche ist dem Evangelisten Jo-

hannes gewidmet. Sie wurde zwischen 1862 und 1867 errichtet. Das Wahrzeichen der Stadt ist der Domberg, auf estnisch Toompea, mit dem Dom und der Burg. Hier in der Oberstadt liegt das Regierungsviertel. Hier tagt das estnische Parlament. Viele Botschaften, u. a. auch die deutsche Botschaft, sind hier vertreten. Von der Unterstadt gelangt man über die immer steiler werdende Lange Straße, Pikk Jalg, zum Schlossplatz in die Oberstadt.

Neben dem Lühike Jalg (Kurzer Domberg) war der Pikk Jalg (Langer

Domberg) früher die einzige Wegverbindung zwischen der Unterstadt und der Oberstadt. Während der Kurze Domberg dem Fußvolk vorbehalten war, konnten den Pikk Jalg auch Fuhrwerke nutzen. Die Gasse war jedoch so eng, dass der Verkehr im 18. Jahrhundert durch Wachen geregelt werden musste. Wer durch die Pikk Jalg fahren wollte, musste auf das Zeichen warten, dass der Weg für ihn frei war.

Heute ist die Pikk Jalg Teil der Fußgängerzone von Tallinn, in der ein paar wenige Straßencafés zum Verweilen einladen und Künstler ihre Werke zum Verkauf ausstellen. Das alte Torhaus am unteren Ende wurde früher übrigens jeden Abend abgeschlossen, denn bis 1878 waren Ober- und Unterstadt zwei getrennte Städte, die zwar aufeinander angewiesen waren, sich ansonsten aber gegenseitig nicht über den Weg trauten. Die ersten Siedler ließen sich natürlich in der Oberstadt nieder, denn von diesem Kalkhügel aus hatte man die Küste gut im Blick. Ob die Siedler den Fürsten folgten oder umgekehrt? Letztendlich war der Domberg Sitz der höheren sozialen Klassen. Die eigenständige Oberstadt hatte zudem noch eine eigene Stadtmauer. Für die Gebäude im innersten Ring bot das also auch doppelten Schutz und mehr Abstand zu den unteren Volksschichten.

Wir erklimmen den Domberg direkt vom Freiheitsplatz aus, be-

reits im Blick die imposante russisch - orthodoxe Alexander-Newski-Kathedrale. Wir passieren den Kiek in de Kök, einen der zahlreichen Türme der alten Stadtmauer. Die mittelalterliche Befestigungsanlage gehört mit ihren zwei Kilometern Länge zu einer der besterhaltenen in ganz Europa. Sie stammt aus dem 13. Jahrhundert. 26 Türme zieren die fast vollständig erhaltene Stadtmauer. Verschiedenste Bau- bzw. Umbauarbeiten zogen sich damals fast 300 Jahre lang hin. Im 17. Jahrhundert fand schließlich die letzte Modernisierung statt.

Im 19. Jahrhundert wurde ein Rückbau der Mauer entschieden, sodass heute nicht mehr die gesamte alte Stadtmauer existiert. Ein Teil ist zugänglich und über drei Türme verbunden. Von hier aus kann man auch perfekt auf die Altstadt blicken.

Das Festungsmuseum mit Zutritt über Kiek in

de Kök, einem restaurierten Kanonenturm aus dem 15. Jahrhundert besteht aus einer etwa 500 Meter langen Anlage. Dazu gehören vier Türme: Kiek in de Kök, der Mägdeturm, der Marstallturm und das Tor am Kurzen Domberg. Zum Festungsmuseum gehören auch die unterirdischen Bastionsgänge, in denen sich das Steinmetzmuseum befindet. Die Ausstellung in Kiek in de Kök verschafft einen Überblick über die historische Kriegsführung. Die Bastionsgänge wurden im 17. und 18. Jahrhundert errichtet. Die Ausstellung in den Bastionsgängen informiert über die Historie der Verteidigungsbauwerke und wichtige, militärische Ereignisse.

Wir sparen uns die dunklen Gänge und bewundern den Rosengarten der dänischen Königin am Fuße des

Dombergs neben dem Turm Kiek in de Kök. Der Garten wurde am 15. Juni 2019 als Geschenk an die Stadt Tallinn von Königin Margrethe II. von Dänemark eröffnet und ist ein Symbol der Freundschaft zwischen Dänemark und Estland. 800 Rosen soll es hier geben als Erinnerung an die 800 Jahre seit der ersten urkundlichen Er-

währung der Stadt Tallinn und seit der Geburt der Dannebrog, der dänischen Flagge, die der Legende nach am 15. Juni 1219 in Tallinn vom Himmel fiel. So erzählt es die Legende und so steht es auf der Gedenktafel. Besucher sitzen auf den acht sogenannten Kopenhagen-Bänken, genießen die Sonne und den Blick auf die Alexander-Newski-Kathedrale, den Amtssitz

des russisch-orthodoxen Metropoliten. Sie wurde

nach einer mehrjährigen Unterbrechung im Jahr 1900 gebaut und erinnert an den russischen Nationalhelden und Hei-

ligen Alexander Jaroslawitsch Newski. Da die Kathedrale als ein Symbol der Russifizierung des damaligen Gouvernements Estland durch das Russische Kaiserreich galt, sollte sie während der Unabhängigkeit Estlands 1924 abgerissen werden. Es kam jedoch nie dazu. Die Kirche wurde im Jahr 2000 von Grund auf restauriert. Sie steht Besuchern und Gläubigen offen. Einige der gläubigen Frauen haben un-

abhängig vom Alter ihr Haar/ ihren Kopf mit einem Kopftuch bedeckt. Auf der Treppe zum Eingang hoffen Bettler auf mildtätige Gaben. Gegenüber der Kathedrale steht das Schloss.

Wir schlendern inmitten der Touristenströme zum Langen Hermann, dem Pikk Hermann. Er ist

einer der vier (Pikk Hermann, Stür den Kerl (1767-1773) abgetragen, Pilsticker und Landskrone) ursprünglichen mittelalterlichen Ecktürme des Schlosses. Der Lange Hermann wurde als hoher und schlanker Wachturm zwischen 1360 und 1370 errichtet und im 16. Jahrhundert auf seine heutige Höhe von 45,6 Metern erweitert. Seine Spitze liegt 95 Meter über dem Meeresspiegel. Gemäß mittelalterlicher Tradition wurde der starke Turm „Hermann" genannt. Der Turm besteht aus zehn Stockwerken und einer Aussichtsplattform. Eine steile Steintreppe mit 215 Treppenstufen führt hinauf. Auf dem Langen Hermann weht traditionell die Fahne des Herrschers von Estland. Vor über 100 Jahren behaupteten sich die Esten im Zuge der Oktoberrevolution in langen Kämpfen gegen das russische Reich. Im Februar 1918 errang Estland seine Unabhängigkeit. Der 24. Februar wird heute alljährlich als Nationalfeiertag begangen.

Diese erste Unabhängigkeit des Landes währte nur rund 22 Jahre. 1940 wurde Estland von der Sowjetunion annektiert und verblieb bis zur Wiedererlangung seiner Unabhängigkeit am 20. August 1991 unter Besatzung.

Gegenüber der Kathedrale residiert der Deutsche Botschafter. Drei Fahnen wehen im Wind – die deutsche, die europäische und die ukrainische. Wäre Neutralität nicht besser?

Im Dom (zwei Euro Eintritt), der Bischofskirche des Erzbischofs der Estnisch Evangelisch-Lutherischen Kirche, ertönt

Orgelmusik. Die aus dem 13. Jahrhundert stammende, der Jungfrau Maria geweihten Kathedrale ist eine der ältesten Kirchen Estlands. 1561, mit dem Abschluss der Reformation in Estland, wurde sie zur lutheri-

schen Domkirche. Neben der Orgelmusik beeindrucken uns die an der Wand befestigten Wappenschilde der Adligen aus dem 17. bis 20. Jahrhundert. Zu den berühmtesten Personen, die in der Kirche beerdigt sind, zählen der schwedische Heerführer Pontus de la Gardie und seine Gemahlin Sophia Gyllenhielm, die Tochter des schwedischen Königs Johann III., sowie Admiral Samuel Greigh. Besucher können den 69 Meter hohen, im Barockstil erbauten Glockenturm besteigen und den Blick auf die Stadt genießen.

Aber auch von der Aussichtsterrasse im Garten des Bischofs (Piiskopi) bietet sich - ganz ohne Anstrengung - ein toller Panoramablick. Im Garten sollen die ältesten Eichen des Dombergs stehen. Straßenmusiker bieten an, eine Spende über PayPal abwickeln zu können.

Voldemar Panso (1920 - 1977), ein bekannter estnischer Schauspieler sowie Drehbuchautor und

Pädagoge, grüßt die Besucher direkt von der Hauswand.

In der barocken Burg

Castrum Danorum aus dem 13. Jahrhundert tagt das estnische Parlaments (Riigikogu).

Von den Aussichts-

plattformen Kohtuotsa und Patkuli bieten sich

weitere fantastische Panoramablicke über die

Türme und Dächer der Altstadt. Über die Trep-

pen der Patkulischen Aussichtsplattform verlassen wir den Domberg und die Altstadt und gelangen über den Bahnhof zum Balti Jaam

Markt (Balti Jaama Turg) 9-19, So 9-17 Uhr. Von

außen mutet er nicht so modern an, wie er innen gestaltet ist. Auf drei Stockwerken, durch moderne Rolltreppen verbunden, werden Lebensmittel, Kleidung, Haushaltswaren und vieles andere angeboten. Frisches Obst und Gemüse gibt es schon im Eingangsbereich für teures Geld zu kaufen - ein Schälchen frische Brombeeren für 16,90 Euro!?

So sieht es auf den ersten Blick aus. Auf den zweiten Blick erkennt man das kleine „kg" oberhalb des Preisschildes. Wäre die Preisauszeichnung pro Schälchen nicht umsatzfördernder? Viele kleine Spezialtätenstände bieten ökologische Produkte wie Käse, Honig, Gewürze und Fleischwaren an. Gastronomie lockt ebenfalls die Hungrigen. Rund um den Markt leuchten an

den Fassaden kräftige Farben, gut gesprühte

Graffiti - Kunst. Noch ist

es Tag. Wir brauchen

kein Bett. Ob uns ein

Container-Bett gefallen
würde? Kleine, autonom

fahrende Wagen kreuzen

unseren Weg.   Artig

warten   sie,   schauen

nach rechts und links, bevor sie die Straßenbahnschienen kreuzen.

In diesem Viertel gibt es viele der typischen

Holzhäuser, deren Sub-

stanz doch sehr unter-

schiedlich ist.

Die Telliskivi Creative

City (11 bis 19 Uhr) liegt nah bei, ein ehemaliger Industriekomplex, der angeblich zum größten

kreativen Zentrum Estlands umgewandelt wur-

de. Nach zwei Jahren des Umbaus wurde die Telliskivi Creative City 2009

men und Musiker angesiedelt und verewigt haben. Dementsprechend vielseitig und umfang-

reich ist das kulturelle Angebot. Jährlich finden hier über 300 Veranstaltungen statt. Kleine

feierlich eröffnet. Sie wird nicht umsonst auch „Hipsters Paradise" genannt. Es ist ein aufblühendes, alternatives Industrieviertel, in dem sich Künstler, Gastrono-

urige Cafés, Restaurants, Streetfood, Straßen- und

Fassadenkunst, Ateliers, Ausstellungen, kleine alternative Läden und ein wöchentlicher Flohmarkt locken unzählige Be-

sucher an. Wir spazieren über das Gelände. In

einer kleinen Kaffee-Rösterei probieren wir

einen Espresso, serviert mit Wasser. Grüne ge-

waschene Bohnen werden vor Ort geröstet. Vorbei am Platz der

Türme geht es zurück in

die Altstadt, nun in die Unterstadt. Wir beobachten eine Fotosession.

Ein Fotograph ist mit zwei in mittelalterliche Gewänder gekleideten

Damen und einem Mäd-

chen unterwegs, auf der Suche nach dem passenden Hintergrund für die Fotos. Ein Foto wert ist auch die dreidimensional gestaltete Gedenktafel für Ferdinand

Veike (1924-2015), einen berühmten estnischen Puppenspieler. Im Jahr 1952 gründete er das Estnische Staatliche Puppentheater. Er selbst war der Hauptakteur seines Theaters.

Kaum eine andere mittelalterliche Hansestadt in Europa ist so gut erhalten wie Tallinn. In der Altstadt ist die Hanse so präsent wie einst mit ihren beeindruckenden Patrizierhäusern und Jahrhunderte alten Speicherge-

bäuden, reichen Gilden und ihren Kirchen. Seit 1997 gehört die Altstadt von Tallinn zum UNESCO Weltkulturerbe.

Überall in der Altstadt gibt es Geschäfte, die Bernstein anbieten.

Eine schmale Gasse führt zu der im 14. Jahrhundert erbauten strahlend weißen Heilig-Geist Kirche mit einem Interieur aus Holz und einem achteckigen Turm. Sie ist eine der ältesten Bauten der Stadt. Die Uhr an der Fassade zeigt immer korekt die Zeit an und das seit dem 17. Jahrhundert.

Im Innenraum sind der einzigartige Schrankaltar von Berndt Notke aus dem 15. Jahrhundert und die Kanzel aus dem Jahre 1597 sehenswert. Im Mittelalter war dies

die Kirche der einfachen Leute. Nach der Reformation wurden hier die ersten estnischsprachigen Predigten, anstelle der deutschsprachigen, gehalten. Der von Johann Koell, dem damaligen Pastor der Kirche, im Jahr 1535 veröffentlichte Katechismus gilt als das erste estnisch-sprachige Buch.

Das Café Maiasmokk, ein altes, ehrwürdiges Café im Jugendstil auf

zwei Etagen, ist gut besucht. Geboten wer-

den neben dem legendären Marzipan kleine Kuchen, Torten und andere Kaffeehaus-Spezialitäten. Das Café ist ei-

nes der ältesten kontinuierlich bis heute be-

triebenen Cafés in Tallinn (seit 1864). Das Interieur im Erdgeschoß soll seit mehr als 100 Jahren nahezu unverändert geblieben sein. Ein Maiasmokk ist ein Feinschmecker. Berühmt ist das Café für sein Marzipanzimmer mit einer Ausstellung über die Geschichte des Marzipans und einer Präsentation von verschiedenen Marzipanfiguren. Das Café ist ganzjährig geöffnet. (Pikk tänav 16, Kesklinna linnaosa, Montag bis Donnerstag, Sonntag 09:00 - 20:00, Freitag bis Samstag 09:00 - 21:00).

Auf dem Weg zum Rathausplatz passieren wir die russische Bot-

schaft. Davor stehen

Plakate, die Russlands Aggression gegen die Ukraine anprangern. Polizei ist vor Ort.

Wir nutzen die Bänke auf dem Rathausplatz, sitzen im warmen Sonnenschein, beobachten die Menschen und lassen die Atmosphäre auf uns wirken. Acht altstädtische Straßen, die Schuhstraße, estnisch Kinga; die Mundtenstraße, estnisch Mundi; der Weckengang, estnisch Saiakang; die Apothekerstraße, estnisch Apteeg; die Markthalsgasse, estnisch Vanaturu

kael; die Goldschmiedestraße, estnisch Kullassepa; die Dunkerstraße, estnisch Dunkri und die Fuhrmannsgasse, in estnisch Voorimehe, laufen auf den mittelalterlichen Rathausplatz zu, der das Zentrum der Unterstadt ist. Erstmals erwähnt wurde der Platz im Jahr 1313. Bevor er 1923 endgültig in Rathausplatz umbenannt wurde, hieß er Neumarkt, Deutscher Markt, Großer Markt und

Schwedischer Markt. Er war bereits im 14. Jahrhundert gepflastert und diente bis 1896 als Marktplatz. In der Mitte des Platzes befand sich von 1337 bis 1816 ein Pranger. Der Standort ist markiert. Ein geschnitzter Kopf, ursprünglich am Pranger befindlich, wird heute im Turm Kiek in de Kök gezeigt. 1441 wurde auf dem Platz das erste Weihnachtsfest gefeiert. In das Straßenpflaster ist eine Steinplatte eingelassen. Sie markiert Tallinns Mittelpunkt. Von diesem Punkt aus werden alle Entfernungen in Tallinn gemessen. Ein aus zwei Steinen gebildetes großes L bezeichnet die Stelle, an der ein Priester enthauptet wurde. Es handelte sich um die einzige Hinrichtung innerhalb der Stadtmauern. Er hatte das Dienstmädchen der Schenke mit einer Axt im Zorn getötet. Das markantes-

te Gebäude ist natürlich das an der Südseite

stehende Rathaus. Es ist das älteste Rathaus in Nordeuropa und wurde erstmals 1322 erwähnt. Seine jetzige Form erhielt es 1404. In den Sommermonaten steht es Besuchern offen. Wer keine Höhenangst hat, kann auch die steilen Stufen des Rathausturms emporsteigen und die Stadt aus der Vogelperspektive betrachten. Auf der Turmspitze sitzt die bekannteste Wetterfahne des Landes, der „Alte Thomas" aus dem Jahre 1530. Viele der Gebäude sind denk-

malgeschützt, darunter auch die Häuser Rathausplatz 16 und 17 und das Höppner-Haus mit der Hausnummer 18. Natürlich säumen auch zahlreiche Bars und Restaurants den weiten Platz. Die alte Ratsapotheke an der Nordostseite (Hausnummer 11) ist die älteste Apotheke Europas, die immer in denselben Räumlichkeiten tätig gewesen ist. In der Chronik des Tallinner Stadtrates gibt es bereits einen Eintrag aus dem Jahre 1422. In der langen Geschichte der Ratsapotheke bekleideten viele würdige Männer das Amt des Apothekers. Apotheker aus dem Geschlecht der Burcharts waren sogar über zehn Generationen dort tätig. Heutzutage gibt es neben der in Betrieb befindlichen Apotheke ein Museum, in dem man sich über die Geschichte und über mittelalterliche Heilmethoden in-

formieren kann.

Bis 1944 stand mitten auf dem Platz das historische Waagehaus, das jedoch beim sowjetischen Luftangriff auf Tallinn zerstört wurde.

Vorbei an der Touristeninformation (Niguliste 2, 9:00 bis 18:00 Uhr täglich) geht es nun endlich zur Niguliste kirik, zur Nikolaikirche in der Niguliste 3.

Die Nikolaikirche ist eines der Wahrzeichen

der Stadt. Sie wurde zwischen 1230 und 1275 von westfälischen Kaufleuten gegründet, die von der Insel Gotland nach Tallinn gezogen waren. Da die Stadt damals

noch nicht befestigt war, baute man zunächst eine Wehrkirche. Erst im 14. Jahrhundert, nach Fertigstellung der Stadtmauer, wurde die Nikolaikirche zu einer gewöhnlichen Gemeindekirche. Sie ist dem Heiligen Nikolaus geweiht, dem Schutzpatron der Kaufleute, Seeleute und Fischer.

Zwischen 1405 und 1420 erhielt die Kirche ihr heutiges gotisches Aussehen. 1515 erhöhte man den Turm mit einem spätgotischen Helm und im 17. Jahrhundert erhielt er einen Barockhelm. Nach der Zerstörung im zweiten Weltkrieg und dem Wiederaufbau ist die Kirche heute nur noch ein Museum. Es ist von dienstags bis sonntags von 10 bis 18 Uhr geöffnet. Der Eintritt von 15 Euro lohnt sich wirklich. Wichtigstes Kunstwerk der Nikolaikirche ist der Totentanz des Lübecker Bernt Notke in

der Antoniuskapelle. Nur etwa ein Viertel des ursprünglich 30 Meter langen Werks von 1508/09 ist erhalten geblieben. Der Totentanz in der Nikolaikirche ist wahr-

scheinlich die mittelalterliche Replik des Lübecker Totentanzes der Lübecker Marienkirche, der allerdings am 29. März 1942 beim Luftangriff auf Lübeck zerstört wurde.

Kaiser, König, Königin, der Papst, Bischof oder Kardinal sind vor dem

Tod letztendlich alle gleich. Ihre Reichtümer, Macht, weltlichen Taten

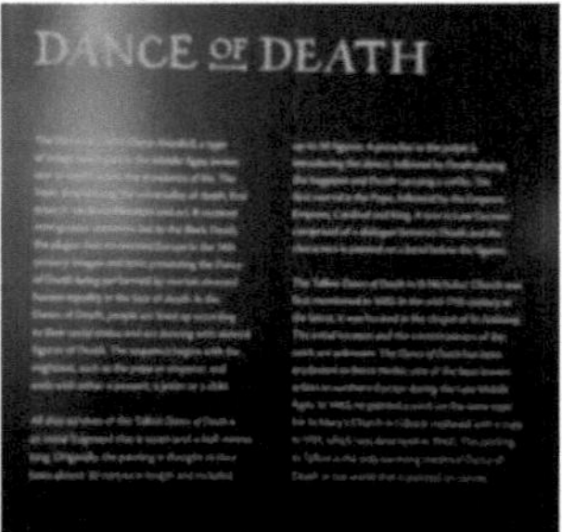

oder Untaten spielen keine Rolle mehr. Die dargestellten Szenarien sind auf deutsch beschriftet.

Der Hochaltar der Nikolaikirche wurde zwischen 1478 und 1481 in der Werkstatt von Hermen Rode aus Lübeck hergestellt. Der Altar war eine Bestellung der Bruderschaft der Schwarzhäupter und kostete damals 1.250 Mark Lübisch. Die Gemälde des vier-

flügeligen Altars zeigen das Leben des Heiligen Nikolaus. Die sogenannte Heiligengalerie im Mittelteil und an den Außenseiten der Flügel besteht aus über dreißig Figuren aus Holz. Im Hintergrund auf dem rechten Außenflügel befindet sich die älteste gemalte

Stadtansicht Lübecks.

Verschiedene, insbeson-

dere aufklappbare Altar-
bilder, Skulpturen und

eine Silbersammlung der

Schwarzhäupter gehören

gehören zur Ausstellung.

Alte Wappen zieren die Wände. Das absolute Highlight ist die Fahrt mit dem Fahrstuhl den

Kirchturm hinauf bis in

den vierten Stock. Die

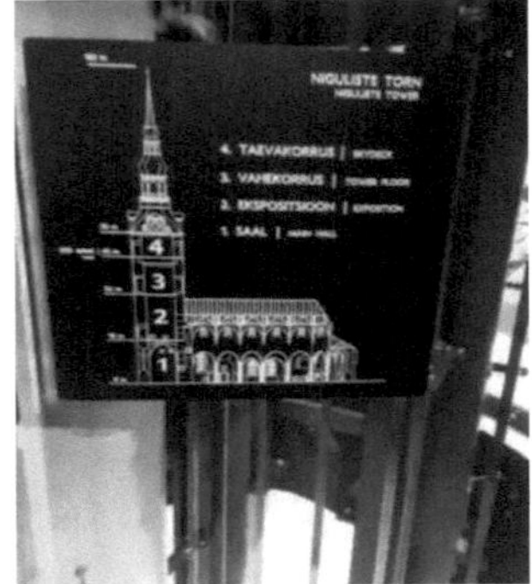

Ausblicke sind grandios.

Im zweiten Stock sind

alte Kirchenglocken zu

zu bewundern.

Wer noch höher hinauf will, muss den Fernsehturm erklimmen. Auf 175 Metern Höhe soll man sogar auf dem Rand des Turms spazieren gehen können. Mit rund 314 Metern ist er das höchste estnische Bauwerk.

Wir besuchen nun den

Hof der Meister (Vene

tänav 6, 10:00 bis 18 Uhr).

Versteckt in einem ru-

higen Hinterhof liegt

diese den Meisterhand-
werkern gewidmete mit-
telalterliche Gasse mit
Handwerksstätten, Mo-

deläden und dem be-
rühmten Café Chocola-
terie. Fast paralell zu
dieser Gasse verläuft der

mittelalterliche Katari-
ina-Gang bzw. der ehe-

malige Mönchsgang. Er
beginnt als Durchgang
an der Vene-Straße 12,
verläuft dann entlang
der Südseite des Katari-
ina-Klosters der Domini-
kaner und endet endlich

als Durchgang an der Müürivahe-Straße Nr. 33. Die Katariina-Kirche, die diesem Gang ihren Namen verlieh, wurde hier wohl schon vor über 700 Jahren gebaut. Den Süd-

rand des Gangs umranden vor allem Wohnhäuser aus dem 15. - 17. Jahrhundert. Der Gang

wurde zuletzt 1995 rekonstruiert. Auch im Katariina-Gang gibt es di-

verse Handwerksstätten.

Markant für die Gasse sind die sie überspannenden Querstreben. Sie

dienten ursprünglich zur Stabilisierung der an den Seiten befindlichen, in die Gasse hineinragenden Häuser. An der Mauer des Klosters sind mehrere Grabplatten für Bürger Tallinns/ Revals aus dem 14. und 15. Jahrhundert befestigt.

Aufgrund ihres historischen Erscheinungsbildes wählten Filmproduzenten die Gasse wiederholt als Filmkulisse. Das 1246 gegründete Dominikaner - Kloster ist das älteste existierende Kloster Estlands. Von der Müürivahe tänav 33 aus kann man zur Zeit

nur den romantischen Innenhof betreten.

Gegenüber stehen die Stadtmauer und der Hellemann-Turm. Hier gibt es heute eine Kunstgalerie und eine Schen-

ke. In der Nähe der Nikolaikirche haben wir

ein nettes Lokal entdeckt, gutes Bier, Lamm-

und Blutwurst an Kohl. Dort zieht es uns jetzt

hin. Wir kommen mit dem Kellner ins Gespräch, ein junger Russe, der in Estland aufgewachsen ist und im nächsten Frühjahr sein Abitur macht. Er erzählt, dass Russen hier deutliche Ablehnung entgegenschlägt. Seine Mutter glaubt der russischen Propaganda, Putin würde sich auch die baltischen Staaten mittelfristig einverleiben. Es sei schwieriger, da es Nato-Staaten seien. Auf den Hinweis, dass bei einem russischen atomaren Erstschlag die Eskalation zur vollständigen Vernichtung von Russland, Europa und Nordamerika innerhalb von 2,5 Stunden führt, reagiert er verblüfft. Soweit hat er wohl nicht gedacht. Unser Gespräch wird argwöhnisch von den anderen Angestellten verfolgt und er wird per WhatsApp angemahnt.

Auf unserem Rückweg zum Hotel machen wir einen letzten Abstecher ins Rotermanni-Viertel,

das Rotermann Quartier. Es liegt zwischen der

Altstadt, dem Hafen und

dem Viru-Platz. Im 19. Jahrhundert kreuzten sich hier die Straßen von Tartu, Narva und Pärnu. Der Entwickler des Viertels ist Rotermann City

OÜ (gegründet von Urmas Sõõrumaa). Im Laufe der Jahre entwickelte

sich das Quartier in Zusammenarbeit mit den Architekturbüros Kosmos (Mihkel Tüür, Villem Tomiste, Ott Kadarik), KOKO Architects (Andrus Kõresaar, Raivo Kotov), Alver Architects (Andres Alver, Indrek Rünkla) und Teigar Sova Architects (Vahur Sova), HG Architecture (H. Grossschmidt, Tomomi Hayashi) und Emil Urbel Architectural Bureau. An der alten Gersten-, Weizen- und Roggenmühle, der Probenmühle, der Kesselanlage und dem Kraftwerk wurden Renovierungsarbeiten durchgeführt und mit moder-

ner Architektur aufgepeppt. Die Tischlerei mit

ihren drei techno-futuristischen Außentürmen war 2009 für den Preis der Europäischen Union für zeitgenössische Ar-

chitektur nominiert. Das neue Mehllager wurde durch ein Atrium mit dem alten Mehllager verbunden. Das Aufzugsgebäude wurde 2016

vom National Heritage Board als das am besten renovierteste Gebäude

ausgezeichnet. Die Renovierung des letzten historischen Gebäudes, einer Brotfabrik, wurde 2021 abgeschlossen. Be-

kleidungsgeschäfte, edle Boutiquen sowie Restaurants und diverse Bars

locken die Besucher an, nicht nur zum „Friday or Saturday Night Fever".

Der Besuch des Fischmarktes, Kalaturg, Kalamaja & Pelgulinn, 9 bis 15 Uhr, war uns zeitlich nicht mehr vergönnt. Hier gibt es frischen Fisch und Fischerzeugnisse sowie je nach Saison auch Räucherfisch.

Sicherlich auch einen Besuch wert ist das Estonian Design House gegenüber dem Markt. Hier stellen lokale Designer ihre Produkte aus: Mode, Schmuck und Möbel.

Am letzten Morgen serviert unsere Wirtin uns noch einmal ein tolles frühes Frühstück mit Sülze, Kartoffeln, Kohlsalat und Fisch - ein letztes informatives Gespräch, dann kommt das Taxi. Wir verabschieden uns mit Handschlag. Sie ist angenehm überrascht und schlägt ein.

Unser Bus nach Riga hat total abgefahrene Reifen. Glücklicherweise regnet es nicht. Unmittelbar hinter der Grenze kontrolliert lettische Po-

lizei (zwei Polizisten und zwei Polizistinnen) mit einem Drogenspürhund

den Bus. Der Hund, wahrscheinlich ein Beagle, schnüffelt interessiert unter jedem Sitz. Kontrolliert werden sowohl die Fahrgäste als auch der Gepäckraum. Für uns Südamerika-Erfahrene keine unbekannte Situation. Ob der Hund wohl angeschlagen hätte, wenn ich ein leckeres Wurstbrot in der Tasche gehabt hätte?

Estland-Kulinarisch.

Leivasupp, Brotsuppe, ist eine süße Suppe aus Schwarzbrot und Äpfeln, normalerweise mit saurer Sahne serviert.

Kiluvoileib ist ein estnisches offenes Sandwich mit Sprotten und manchmal Ei auf Roggenbrot.

Verivorst, ein traditionelles Gericht aus Blutwurst.

Rosolje, ein eingelegter Hering, gehackte Rote Beete und Kartoffeln mit Roggenbrot.

Kali ist Estlands Nationalgetränk aus fermentiertem Brot - Root Bier.

Route EUR 3 Lettland/ Riga - Jurmala.

Zurück aus Tallinn erkundigen wir uns im Bahnhof nach einer Verbindung nach Jurmala. Diese Stadt liegt 20 Kilometer westlich von Riga am Südufer der Rigaer Bucht. Sie ist extrem schmal angelegt, aber 25 Kilometer lang und besteht aus mehreren aneinander gereihten Ortschaften. Ein fast endloser Badestrand lockt die Rigaer in den Sommerferien hierher. Wer kann, mietet sich eine Datscha oder besitzt dort sogar eine. Wem dazu das Geld fehlt, kommt bei Sonnenschein tageweise mit Auto, Bus oder Zug. Die zentrale Fußgängerzone des Hauptortes Majori bietet sogar etwas städtisches Feeling.

Im Zentralmarkt versorgen wir uns kostengünstig mit Vitaminen. Ein Schälchen rote Johannisbeeren kostet nur einen Euro, ein Schälchen

Brombeeren 2,50. In der Lebensmittelhalle schlagen wir beim „Konditor" zu, Quark - Apfelkuchen und dann noch Windbeutel mit Quarkcremefüllung. Im Hotel gibt es dazu Kaffee auf unserem Zimmer - Mittagspause!

Es ist Samstag, die Sonne scheint und die Temperaturen sind angenehm. Die Stadt ist voll. Wir schlendern über den Aspazijas bulvaris. Rechterhand die Nationaloper. Sechs ionische Säulen tragen einen monumentalen Portikus, dessen Giebelfeld eine Figurengruppe um Apollo, den Gönner der

Künste, krönt. Im Park

und gern fotografierter Nymphenbrunnen.

Riga ist eine Stadt der Skulpturen. Die Nymphe im Brunnen ist ein Werk von August Volz. Er wurde in Magdeburg geboren, studierte an der Berliner Akademie der Künste und kam 1875 als 25jähriger nach Riga. Die Dame, die ihm für die Nymphe Modell stand, wurde später seine Frau. Der Künstler schuf darüber hinaus für Riga weitere Kunstwerke, wie den Lehrling mit dem Rechenbuch auf dem Wohnhaus der Großen Gilde, die Katzen des Katzenhauses, die Skulpturen auf den Giebeln der italienischen Botschaft, des Kunstmuseums, des Gebäudes der Rundfunkanstalten am Domplatz oder des lettischen Nationaltheaters sowie die Rolandstatue am Schwarzhäupterhaus (heute Kopie). Ebenso war er beteiligt an der Gestaltung der orthodoxen Kathedrale, der Akademie der Künste, des Parlamentsgebäudes (Saeima) und der Staatsbank (Latvias Banca). Auch der litauische Bildhauer Kārlis Zāle hat sich mit dem Freiheitsdenkmal und dem Bruderfriedhof, beides nationale Gedenkstätten in Riga, verewigt.

Nicht weit entfernt von der Nationaloper befindet sich die italienische Botschaft (Teātra iela 9). Das eklektizistisch dekorierte Jugendstilhaus wurde im Jahre 1903 von Heinrich Scheel und Friedrich Scheffel gebaut. Gekrönt wird

das Gebäude von einer Figurengruppe. Drei von August Volz gestaltete Atlanten tragen eine gläserne Erdkugel.

In der Riharda Vāgnera iela steht das 1883 von dem Architekten Reinhold Schmaeling gebaute Rigaer Russische Theater. Namensgeber der Straße ist jedoch Richard Wagner. Das Gebäude Nummer 4 beherbergte einst das erste Theaterhaus in Riga. Von 1837 bis 1839 wirkte hier Richard Wagner als Theaterdirigent. Zahlreiche andere musikalische Berühmheiten des 18. Jahrhunderts wie Anton Rubinstein, Franz Liszt oder Robert Schumann gastierten hier. Das Haus fällt kaum auf. Eine Gedenktafel erinnert an Wagner und die anderen

Künstler.

Ob die Laima Uhr (Ecke Kalku iela/Aspazijas bulvaris) heute noch die Arbeiter der Firma Laima pünktlich zur Arbeit ruft?

Diese Uhr soll ein beliebter und viel besungener Treffpunkt in der Stadt sein. Aufgestellt wurde sie 1924 von der Firma Laima, dem größten Hersteller von Süßigkeiten in Riga. Ihre Arbeiter sollten immer pünktlich zur Arbeit erscheinen.

Milda glänzt im Son-

enlicht. Sie krönt die lettische Freiheitsstatue,

das Symbol der lettischen nationalen Souveränität. Sie wurde 1935 aufgestellt. Am selben Platz stand zuvor ein Reiterdenkmal Peter des Großen. Im Sockel sind verschiedene symboli-

sche Figuren zu sehen: die Wächter des Vaterlandes, die Mutter der Familie, ein Bärenbezwinger, Figuren, die ihre Ketten für die Kultur und die Wissenschaft zerreißen. Hoch oben auf dem Obelisken steht eine kupferne Frauenfigur, Milda, und hält über ihrem Kopf drei Sterne, die für die kulturhistorischen Regionen Lettlands stehen: Kurland, Livland, Lettgallen. Während der sowjetischen Besetzung war das Freiheitsdenkmal den Besatzern ein Dorn im Auge. Die Letten „arrangierten" sich mit den Russen und „änderten" die Symbolik der Figur. Die Frau stellte damals Mütterchen Russland dar, die die drei baltischen Staaten Lettland, Estland Litauen in die Gemeinschaft aufnimmt. Die Besatzer wollten das Denkmal trotzdem sprengen lassen, da es angeblich baufällig sei und den Straßenverkehr gefährde. Daraufhin erklärte Rigas damaliger Bürgermeister kurzerhand den Platz um das Denkmal zur Fußgängerzone.

Heutzutage steht eine Ehrenwache von zwei Soldaten vor der Statue.

Die Wachablösung soll stündlich stattfinden.

Wir überqueren den Rainis Boulevard (Raiņa bulvāris). Hier begann ab 1860 die vornehme Neustadt. Zu jener Zeit dominierte architektonisch der Eklektizismus, ein Stilmix der europäischen Architektur. In dieser Straße hat auch das Hauptgebäude der Lettischen Universität ihren Sitz. Der zwischen 1860 und 1885 errichtete Bau steht auf tief in den Boden hineingerammten Pfählen in dem ehemaligen Flussbett der Riğa.

An der Kreuzung Elisabeth iela/Terbatas iela suchen wir den rund um die Uhr geöffneten Blumenmarkt. Also 24/7 erscheint uns ein bisschen übertrieben. Es gibt eine

Reihe kleiner Pavillons, die Blumen verkaufen. Nicht alle sind geöffnet. Im Park nebenan leuchten jedoch wunderschöne farbenfrohe Blumenbeete, zudem findet ein Floh- und Kunsthandwerkermarkt statt. Das Vermantis Lido (Elizabetes iela 65) ist um diese Zeit sehr gut besucht. Die Auswahl ist etwas größer als in der Altstadt. Das größte Lido Rigas bietet seine Speisen in einer etwas außerhalb gelegenen alten Windmühle an (Krasta iela 76, Latgales, täglich 11 bis 22 Uhr).

Wir wandern zurück zur

Esplanade. In der Terbatis iela hat die Deut-

sche Botschaft ihren Sitz.

Im Park der Esplanade wird heute ein Sommerfest gefeiert. Wir sind jedoch zunächst von den goldenen Kuppeln der

großen Kristus Piedzimšanas pareizticīgo katedrāle, der russisch–ortodoxen Christi – Geburtskirche fasziniert. Sie ist die gewaltigste russisch-

orthodoxe Kirche der baltischen Staaten. Die Pläne entwarf Nikolai Tschagin, gebaut wurde sie zwischen 1876 und 1883 im neobyzantinischen Stil von Robert August Pflug. Riga gehörte damals als Hauptstadt des Gouvernements Livland zu Russland. Der Bau wurde von Zar Alexander II. persönlich genehmigt. Die Idee dazu stammt allerdings von dem Generalleutnant Pjotr Romanowitsch Bagration und dem Bischof Weniamin Karelin. Die Kirche ist ein Zentralbau mit fünf teilvergoldeten Kuppeln.

Sowohl die Kirche, als auch der 43 Meter hohe Glockenturm mit 12 Glocken, sind mit gelben Kacheln verkleidet. Die

berühmte Ikonenmalerei stammt hauptsächlich von Wassili Wassiljewitsch Wereschtschagin. Während der Besetzung im Ersten Weltkrieg wurde die Kirche in eine protestantische Kirche umgewandelt, doch bereits nach der lettischen Unabhängigkeit gehörte

sie 1921 wieder zur or-

thodoxen Kirche. Unter sowjetischer Besatzung hieß sie „Haus des Wissens" und fungierte als Planetarium. Nach der Wiedererlangung der eigenen Souveränität sanierte man die Kirche zwischen 1991 und 2006 grundlegend und bereits 1992 wurde sie wieder zur Kathedrale geweiht. Der Eintritt ist frei. Auf angemessene Kleidung ist zu achten. Frauen sollten ihr Haar bedecken, heißt es. Das

betrifft vielleicht nur den Gottesdienst.

Das nur „das Eckhaus" genannte prunkvolle Gebäude am Freiheitsboulevard (Brīvības iela 61)

mit seinen sechs Stockwerken war bis 1990 die Zentrale des KGB. Einige Besucher kamen sicherlich zu KGB Zeiten freiwillig hierher, der Großteil eher nicht. Im Eingang hängt auch heute

Nach 1991 wurden Teile des Gebäudes von der lettischen Polizei genutzt, danach stand es leer, nur manchmal benutzten Filmcrews das Haus, zum Beispiel für den Wallander Krimi „Hunde von Riga". Heute

noch der Briefkasten, in den Denunzianten ihre immer anonymen Anzeigen werfen konnten.

ist das Eckhaus ein Museum. Die Keller, in dem sichd die Zellen und die

Verhörräume befanden, kann man nur in einer geführten Tour besichtigen, den Rest darf man allein erkunden. In einer Video-Dokumentation kommt ein Zeitzeuge zu Wort. Insbesondere Jugendliche wurden zu langer Lagerhaft verurteilt. Wer noch nicht über 18 Jahre alt war, konnte mit 25 Jahren rechnen und das schon für „Bagatellen", für die Kinder/ Jugendliche in demokratischen Ländern wahrscheinlich verwarnt und nach Hause geschickt worden wären. Ältere Beschuldigte kamen mit milderen Strafen um die zehn Jahre

davon. Man kann sich nicht vorstellen, dass jemand freiwillig in ein solches System zurück möchte.

Die Alexander Newski Kathedrale ist geschlossen. Ihre Fassade spie-

gelt sich in der Glaswand des gegenüberliegenden Gebäudes wider.

Adventisten singen vor

ihrer Kirche. Im Judenviertel steht das große Gebäude der jüdischen Gesellschaft.

Endlich erreichen wir das prächtige Jugendstilviertel, in dem nicht nur einzelne Häuser, sondern ganze Straßenzüge fantastische Jugendstil-fassaden haben. Riga ist

eine Stadt des Jugend-stils. Gut ein Drittel der Rigaer Häuser sind Bau-ten aus dieser Zeit der Jahrhundertwende. Die eindrucksvollsten findet man in der Alberta iela.

Dank der Hanse erlebte Riga eine wirtschaftliche Hochkonjunktur. Es wur-de viel gebaut, um dem Zuwachs der Bevölke-

rung gerecht zu werden. Absolut sehenswert und

beeindruckend sind die folgenden Häuser:
Kronvalda bulvaris 10;
Vilandes iela 1, 2, 11 von dem Architekten Rudolf Zirkwitz (Eklektizismus und früher Jugendstil);
Nummer 8, 10, 12, 14, 16 und Elizabetes iela 13 von dem Architekten Konstantins Pēkšēns;
Strēlnieku iela von Mich-ail Eisenstein (1867-

1921); Alberta iela 12, 2, 2a, 4, 6, 8, 13 (1903-1906) nach Michail Eisenstein Nr.11; Elizabeth iela 33, 10a, 10 b.

Leider können wir die Häuser nur von außen

bewundern, ein Blick in die angeblich nicht minder imposanten Treppenhäuser bleibt uns verwehrt.

Wir laufen zurück über den Kalpaka bulvāris. Auch hier stehen herrschaftliche Gebäude.

Neben anderen Bot-

schaften hat auch die gut gesicherte russische Botschaft ihren Sitz an diesem Boulevard. Polizeipräsenz ist vor Ort.

Vor der nicht sehr weit entfernten ukrainischen Botschaft sind Plakate mit Kommentaren zum russischen Angriffskrieg aufgestellt. Auch Kasachstans Botschaft re-

sidiert in einem schicken Jugendstilbau.

Vorbei an dem sehenswerten Backsteingbäude

der Kunstakademie lau-
fen wir zur Esplanade
zurück. Im Park steht ein

Denkmal des lettischen
Volksdichters Jãnis Rai-

nis. Auf der Esplanade
tobt das Leben. Auf ei-
ner Bühne wird fetzige
Musik gespielt, von den
Foodtrucks weht ein
verführerischer Duft her-
über. Groß und Klein,
Jung und Alt sind unter-
wegs. Eine Ausstellung

berühmter Bilder, Ko-
pien bekannter Künstler
wie Rubens, Brueghel
etc. zieht sich über die
Esplanade, eine prächti-
ge Idee, die Menschen
mit der Kunst vertraut zu
machen. Ein bunter Vo-

gelhäuschen-Baum bie-
tet vielen Gästen Unter-

schlupf.

Vorbei an der Freiheitsstatue geht es zurück in die Altstadt. Hier sitzt ein altes Mütterchen, singt mit zittriger

Stimme, hat ein „Musikinstrument" in der Hand und bittet um eine milde Gabe. Sie tut uns leid. Ich schenke ihr meine letzte Ein-Euro-Münze.

Nun steht mal wieder eine schwierige Aufgabe an, die Suche nach einem kühlen Bier und einem Abendessen. Letztendlich landen wir wieder im Lido. Hier stillen wir unseren ersten Durst und den Hunger. In „unserer Bar" Kresli am

Domplatz schließen wir den Abend mit frisch gezapftem Rigaer Bier ab, der halbe Liter für vier Euro. Die Tische sind alte Nähmaschinen mit Pedal. Erinnerungen an die Kinderzeiten kommen hoch. Das Bier, in Riga gebraut und nun frisch gezapft, muss man sich selbst holen. Gerichte werden nicht gereicht. Im Nachbarlokal wird Live-Musik gespielt. Langsam wird es kühler. Die Sonne sinkt, ihre Strahlungswärme fehlt. Auf dem Heimweg zum Hotel kommen wir an verfallenen Gebäuden vorbei. Stehen diese gerade vor ihrer Renovierung? Der Stern an

der Front des hinteren

Hauses fällt uns auf.

Die Markthallen, die Nationalbibliothek und die Akademie erstrahlen im Abendlicht. Wir erreichen unser Hotel. Nun sind nur noch eine Dusche und Füße hochlegen angesagt.

Den Sonntag lassen wir langsam angehen. Das

Hotel ist voll, der Frühstücksraum ebenso, die Dame vom Service wirkt doch ein bisschen überfordert. Satt werden wir. Das Frühstück in Tallinn war deutlich besser. Wir haben getrödelt. Den Ausflug nach Jurmala lassen wir ausfallen. Auf dem Markt erstehe ich das georgische Gewürz

Chmeli Suneli. Die Brombeeren kosten heute nur zwei Euro. Wir wandern geruhsam durch die Altstadt und am Ufer der Daugava entlang. Die

moderne Nationalbiblio-
thek auf der anderen

Flussseite glänzt im Son-
nenschein. Ein fast kas-

tenförmig anmutendes
Boot fährt auf dem Fluss
entlang. Am Kreuzfahrt-
terminal ankert gerade

die Norway Dawn. Vom
Ufer blicken wir auf das
Schloss. Ein Ensemble
aus vier Kirchtürmen
verschönert die Sicht.

In der Tourist-Info ha-
ben wir uns beraten las-
sen, welche Restaurants
landestypische Küche
anbieten.

Wir begutachten die
Speisekarten und treffen
eine Vorauswahl für den
Abend, das Restaurant
„Zwiedru Vãrti" in der
Tornela iela. Noch ist es
zu früh.

Wir spazieren zum Bas-

teiberg, eine weiträumi-
ge Parkanlage am Ost-
rand der Altstadt. Bis
1856 war er Teil der

östlichen Festungsanlage und bestand aus Erdwällen, gedeckten Laufgräben, Basteien, Wassergräben. Heute flanieren die Besucher über gepflegte Wege, gesäumt von Blumenbeeten, lauschen dem Plätschern der Wasserkaskaden, ruhen sich auf den zahlreichen Bänken aus und beobachten Enten und Schwäne. Es ist Sommer und man kann sich ein kleines Boot mieten und über das Wasser rudern, unter Brücken hindurch, die von Liebesschlössern verschönert sind. Auf einer der vielen Banken genießen auch wir die Atmosphäre.

Nun ist es durchaus Zeit für das Abendessen. Es gibt kleine Heringe, die wir eher unter dem Namen Boquerones kennen, und Dumplings (asiatische Wan Tans). Auch die Wespen finden unsere Mahlzeit ausgesprochen anziehend.

Uns zieht es weiter und wieder zum Dom-

platz, ein letztes lettischen Bier. Auf dem Platz spielt ein Straßenmusikant auf einem Kla-

vier Stücke von Chopin. Der Clou ist, der Pianist trägt ein Zebrakostüm. Das begeistert nicht nur

Kinder. Einige Paare tanzen zu seiner Musik. Pünktlich um 20:00 Uhr läuten die Domglocken. Auf dem Rathausplatz, vor dem Schwarzhäup- terhaus, spielt jemand

ein Alphorn. Er gesellt sich anschließend zu

den Musikern, die mit ihren Blasmusik-Instru- menten auf dem Balkon des Doms stehen. Wie-

tere gemeinsame Musik- stücke folgen - toll!

Am nächsten Morgen geht es weiter nach Vilnius. Vorbei an dem

auf einer Insel stehen- den Fernsehturm verlas- sen wir die Stadt.

Auch wenn wir das Se- henswerteste sicherlich gesehen haben. In der kurzen Zeit haben wir bestimmt auch interes- sante Dinge verpasst.

Fünf Highlights in Litauen

Die Hauptstadt Vilnius, mit ihren vielen Kirchen auch Rom des Nordens genannt und ihrer zum UNESCO Weltkulturerbe gehörenden Altstadt besuchen - die Madonna des Tores der Morgenröte verehren, das sehenswerte architektonische Ensemble aus Sankt Anna Kirche, Bernhardiner Kirche samt Kloster und Gärten bewundern, die Burgruine von Gediminas erklimmen, die Kathedrale und das Großfürstliche Schloss besichtigen und sich in der selbsternannten Künstlerrepublik Uzupis mit eigenem Präsidenten, einer Hymne und einer mehrsprachigen Verfassung von Kunst inspirieren lassen.

Kaunas, die ehemalige Hauptstadt und europäische Kulturhauptstadt 2022 besuchen; durch die historische Altstadt schlendern, auf dem Rathausplatz dem bunten Treiben zuschauen und das Wahrzeichen der Stadt, die Burg Kaunas, die älteste Mauer-Burg Litauens besichtigen.

Die spätmittelalterliche Wasserburg Trakai, malerisch im Wald in einem See gelegen und von einem weiten See-Labyrinth umgeben, besichtigen.

Den beeindruckenden katholischen Wallfahrtsort in Šiauliai, den Berg der Kreuze, ein kleiner Hügel mit unzähligen Kreuzen jeglicher Größe, die Pilger dort als Dank gespendet haben, besuchen.

Litauens malerische älteste und einzige Hafenstadt Klaipėda erkunden, sich einen Strandtag an den kilometerlangen Sandstränden von Palanga gönnen und im Bernsteinmuseum von Palanga in die Geschichte des Bernstein eintauchen und die Ausstellungsstücke bewundern.

Klima und Reisezeit

In Litauen herrscht ein gemäßigt kontinentales Klima mit maritimen Einflüssen durch die Ostsee in den Regionen an der Westküste. Die Sommer sind eher kurz und heiß, die Winter streng, mit Schnee und Kälte und Temperaturen deutlich unter null Grad Celsius. In Klaipèda an der Ostsee sinken sie in der Regel jedoch nicht unter null Grad. Die größten Niederschlagsmengen fallen in den Sommermonaten Juni bis August. Nichtsdestotrotz ist die beste Reisezeit die Zeit zwischen Mai und September, für die Ostsee Juni bis August.

Events

Während des dreitägigen Lichtfestivals Ende Januar beleuchten Lichtkünstler aus Litauen und der ganzen Welt Vilnius mit ausgefallenen, kreativen Installationen (https://lightfestival.lt/).
Užgavėnės symbolisiert die Überwindung des Winters auf der Nordhalbkugel und beginnt in der Nacht vor Aschermittwoch mit der Verbrennung eines Bildnisses des Winters (Morė genannt). Als Teufel, Hexen, Ziegen, Sensenmann oder andere fröhliche und gruselige maskierte Charaktere sind in dem inszenierten Kampf zwischen Winter und Frühling involviert. Das traditionelle Essen der Feier sind Pfannkuchen mit verschiedenen Belägen. Im Februar findet in Vilnius die zweitägige große

Buchmesse statt. Sie bietet um die 500 Veranstaltungen und stellt rund 300 Verlage aus dem In- und Ausland vor.

Der Kaziukas-Jahrmarkt im März mit Konzerten, Unterhaltung für die ganze Familie, kulinarischen Köstlichkeiten, lokalen Produkten und Kunsthandwerk läutet in Vilnius den Frühling ein.

Am 11. März ist Nationalfeiertag, der Tag der Wiederherstellung der Unabhängigkeit. Zu den Veranstaltungen gehören Paraden, Konzerte und Ausstellungen.

In der zweiten Märzhälfte dreht sich alles um den Film, Kino-Frühling ist angesagt und lockt mit ausgezeichneten Filmen, den besten Entdeckungen des vergangenen Jahres und Premieren litauischer Filme zahlreiche Besucher an.

Während des Kaunas Jazz Festivals Ende April treten Musiker aus über 20 Staaten jedes Jahr auf rund zehn verschiedenen Bühnen in der ganzen Stadt auf.

In der Museumsnacht im Mai öffnen die Museen in Vilnius kostenlos ihre Türen für die Besucher. Zusätzlich gibt es Führungen, Kurse und Workshops (https://www.muziejunaktis.lt/)

Mitte Mai verwandelt sich die Altstadt von Vilnius am Tag der Straßenmusik in eine große Bühne. Musiker aller Genres zeigen ihr Können. Am traditionellen Umzug der Perkussion „Drum2gether“ kann jeder teilnehmen (Gatvės muzikos diena (gmd.lt)).

In der Kulturnacht im Juni bietet Vilnius seinen Besuchern mehr als 100 Veranstaltungen - kostenlose Ausstellungen, Performances, Theateraufführungen, Konzerte, die Möglichkeit, litauischen und internationalen Kunstschaffenden zu begegnen sowie Kurse und Vorlesungen.

Die dreitägige ArtVilnius Anfang Juni ist die größte Messe für zeitgenössische Kunst des Großraumes Osteuropa. Mehr als 50 Galerien nehmen teil und rund 20 Länder werden repräsentiert.

Das Klaipėda Castle Jazz Festival, das Klaipėdos pilies džiazo festivalis, eine nächtliche Jam-Session, findet jährlich im Juni oder Juli in der Nähe der Ruine der Burg Klaipėda statt.

In ganz Litauen wird die Sommersonnenwende mit Musik, Tanz, Gesang, Lagerfeuern, bunten Trachten und traditionellen Kränzen aus Gräsern gefeiert.

Die Bliuzo Naktys, die Blues Nights, locken immer am ersten Juliwochenende Musikbegeisterte an den Lūkstas-See in Varniai.

Parbėg laivelis, ein internationales Volksfest, wird alle zwei Jahre in Klaipėda im Juni oder Juli gefeiert. Parbėg laivelis bedeutet in etwa „Das kleine Schiff kommt zurück".

Das alle vier Jahre Ende Juni/Anfang Juli statt-findende einwöchige Litauische Liederfest in Vilnius ist ein riesiges traditionelles Lied- und Tanzfestival mit tausendstimmigen Chors und tausenden Tänzern, die synchron auftreten, alle gekleidet in den traditionellen Trachten. Seit 2008 steht die Tradition des Gesangs- und Tanzfestes in Litauen, Lettland und Estland in der UNESCO Liste des immateriellen Kulturerbes (dainusvente.lt).

Jedes Jahr im Juli oder Anfang August feiert Klaipėda sein dreitägiges Meeresfest mit verschiedenen internationalen Segelveranstaltungen, Sportwett-bewerben, Fischer-Wettbewerben, Straßentheater, Ausstellungen, Konzerten, lokalen Märkten und ein Kostümfest, bei dem mythologische Meeresbewohner von Erwachsenen und Kindern dargestellt werden.

Zwei ganze Monate lang im Juli und August lebt Vilnius im Rhythmus des Christophorus-Sommer-Festivals. Über 40 Musikveranstaltungen an verschiedenen Plätzen der Stadt, von klassischer Musik über Jazz und experimentellen Projekten bis hin zu traditionellen Instrumenten, werden den Besuchern geboten (kristupofestivalus.lt).

Am letzten Wochenende im August findet das jährliche Mėnuo Juodaragis (bedeutet in etwa Schwarzer Hornmond), ein Festival, das das Erbe alter heidnischer Traditionen und Kulturen der baltischen Länder präsentiert und gleichzeitig Musik wie Folk und Post-Folk anbietet, statt. Es gibt u.a. Konzerte, traditionelles Handwerk, heidnische baltische Zeremonien, Gastvorträge,Theater, interaktive Kunstprojekte und gemeinsame Wanderungen.

Am ersten Wochenende im September feiert Vilnius die Tage der Hauptstadt. Auf vier Bühnen treten über 70 Musiker und Sänger auf. Kunsthandwerk und kulinarische Angebote gehören ebenso zum Festival.

Anfang September startet der Vilnius-Marathon Rimi über 42 Kilometer. Möglich ist auch ein Halbmarathon über zehn Kilometer oder ein fünf Kilometer Walk mit Familie sowie ein 200 Meter Lauf für Kids (https://www.vilniausmaratonas.lt/).

Am Tag des Tourismus Ende September bietet Vilnius diverse Aktivitäten wie kostenlose Stadtführungen.

Im Rahmen des jährlichen Kunstfestival "PLArTFORMA", das Mitte September bis Anfang

Oktober in Klaipèda stattfindet, wird Schauspielkunst, Bewegungstheater, neue Oper, bildende Kunst und zeitgenössischer Zirkus präsentiert.

Auf dem Vilnius Jazz Festival im Oktober treten Musiker aus Litauen und der ganzen Welt auf (http://www.vilniusjazz.lt/).

Im November lockt die gastronomische Woche in Vilnius mit Köstlichkeiten. Restaurants kreieren spezielle Gerichte zum Verkosten.

Weihnachten, nicht nur in Vilnius, präsentiert leuchtende und glitzernde Städte mit Weihnachtsmarkt und weihnachtlichen Aktivitäten, zumeist in weihnachtlich verschneiter Landschaft.

Route EUR 4 Litauen/ Vilnius

Die beste Reisezeit für eine Städtereise nach Litauens Hauptstadt Vilnius soll Mai und Juni sein. Das Wetter ist schon angenehm und alle Sehenswürdigkeiten sind zu dieser Zeit zu besichtigen. Dass Vilnius im August ausgestorben ist, da die Bewohner die Ferien am Meer verbringen, können wir so nicht wirklich bestätigen.

Per Flixbus kommen wir von Riga aus mittags in Vilnius an. Wir können erst um 14 Uhr unser Zimmer beziehen. Also stellen wir die Koffer im Hotel unter und laufen in die Altstadt.

Erstmals urkundlich erwähnt wurde die Stadt 1323. Schon damals war Vilnius ein blühender Handelsplatz mit unterer und oberer Burg und einer Kaufmannssiedlung. Vilnius war von Anfang an eine baltische Gründung und wurde im Gegensatz zu den Hauptstädten der baltischen Nachbarländer, Riga in Lettland und Tallinn in Estland, nie vom Deutschen Orden kontrolliert. Als politisches Zentrum des Großherzogtums Litauen vom 13. bis zum Ende des 18. Jahrhunderts hatte Vilnius einen tiefgreifenden Einfluss auf die kuturelle und auch die architektonische osteuropäische Entwicklung. Auf dem Höhepunkt seiner Macht um 1618 als Polen-Litauen reichte der Einfluss des Reiches zeitweise von der Ostsee bis zum Schwarzen Meer. Trotz einiger Überfälle und Zerstörungen wurden viele bemerkenswerte Bauwerke des Barocks, Klassizismus, der Gotik und Renaissance sowie die mittelalterliche Stadtstruktur bewahrt.

Im Zweiten Weltkrieg gingen durch Kampfhandlungen nur sehr wenige Gebäude verloren, jedoch wurden über hundert Synagogen systematisch zerstört.

Heute gibt es nur noch zwei.

Ausgehend vom Burgberg bildet das Straßennetz der Altstadt von Vilnius in Richtung Westen und Süden eine fächerartige Struktur. Die Altstadt, die sich an den Hängen auf dem linken Ufer der Neris hinaufzieht, hat eine Fläche von 360 Hektar und zählt damit zu den größten und besterhaltenen Europas. Orthodoxe und katholische Kirchen, russische und westlich geprägte Schlösser, eine Altstadt, die mittlerweile seit 1994 zum UNESCO Welterbe gehört, mit ihren alten Befestigungsmauern und Wehrtürmen sowie auch moderne Bauten prägen Vilnius Stadtbild. Vilnius wird auch „Rom des Ostens" genannt. Allein 50 Kirchen gibt es im Zentrum, in der gesamten Stadt sind es mehrere Hunderte. Von Vilnius aus forcierten die Jesuiten die Gegenreformation im Königreich Polen - Litauen. Im Jahr 2009 wurde Vilnius sogar zur Kulturhauptstadt Europas gekürt.

Unser Hotel, das Old Town Trio, liegt zentral. Als Erstes erreichen wir den Platz mit dem Oster-

ei - oder ist es ein russisch inspiriertes Fabérge-Ei? In wenigen Minuten sind wir in der Altstadt, in der Vilniaus senamiesti. Ein Elch lädt

zum Bier, ein bronzener Großvater geht mit En-

spenstig machen? Im Cigar House gibt es Davi-

kelin spazieren. Wollen wir ihm die Enkelin ab-

doff, bestimmt auch Havanna-Zigarren. Eine Fotodokumentation informiert über den alten Marktplatz. Eine Cham-

pagneria bietet luxuriöse Champagner-Marken an.

Nach der Christianisierung Litauens erhielt Vilnius im Jahre 1387 das Stadtrecht. Eine Stadt

braucht ein Rathaus. Urkundlich erwähnt wurde dieses jedoch erst 1432. Im Rathaus befand sich alles, was eine Stadtverwaltung zu der Zeit benötigte: Gerichtssäle, Schatzkammer, Archiv, das Waffenlager und im Keller ein Gefängnis. Ursprünglich im gotischen Stil erbaut, erfolgte im 18. Jahrhundert der Umbau im klassizistischen Stil. Für 70 Jahre war es sogar ein Theater. Bis 1991 war hier das Museum für Kunst untergebracht. Seit 1998 finden in dem Gebäude des alten Rathauses Veranstaltungen und Ausstellungen statt.

Wir können einen Blick

in die nahegelegene Kasimirkirche werfen. Es

ist die Kirche des litauischen Nationalheiligen Kasimir. Sie besitzt eine 40 Meter hohe Kuppel in

Form einer Krone. Diese erste Barockkirche wurde in den Jahren 1604 bis 1618 nach dem Vorbild der römischen Basilika II Gesù Kirche auf Initiative der Jesuiten erbaut. Den Grundstein legte der damalige Bischof von Wilna, Benedykt Woynoer. Der Altar-

schlicht – einfach schön. Wir flanieren über die Vilniaus Gatvé, eine beliebte Straße mit Restau-

rants, Cafés, Hotels und zum Teil alten Pracht-

raum mit seinen hohen Säulen ist eindrucksvoll. Ansonsten wirkt die Kirche eher hell und

bauten. In der Seiten-

straße Islandijos gatvé
stehen ebenfalls schöne
Jugendstilbauten. Auch
hier parken schicke Flit-

zer. Dieser hier ist schon
ein bisschen älter. Das

alte australische Konsu-
lat residiert auch in der
Nähe. Ein Nachtwächter
erhellt tags und nachts

die Straße. Eine kleine
Gruppe jugendlicher Ak-
tivisten streikt gerade
für ein besseres Klima -
es sind keine Kleber. Ein
Reporter ist vor Ort und
führt ein Interview, ein
Polizist beobachtet die
Szene. Die drei Figuren

über dem Eingang zu
dem Litauischen Natio-
nal Theater zählen zu

den hiesigen Sehenswürdigkeiten. Sie repräsentieren Drama, Tragödie und Komödie. Weiter geht es zum Schloss-

platz. Hier steht das Denkmal von Großfürst Gediminas, dem Gründer von Vilnius und Trakai (geboren um 1275; gestorben Dezember 1341). Er war ab 1316 Großfürst von Litauen, das unter ihm endgültig zur osteuropäischen Großmacht aufstieg. In der Touristeninformation gibt es gute Infos zur Stadt, zu Lokalen mit typisch litauischer Küche sowie einen Tip zu einem netten Café in der Altstadt - unser nächster

Halt. Das „Rosencafé" (Cafév Poniu Laime, Stiklių g. 14) betört zwar nicht durch Rosenduft -

es sind künstliche Blumen - aber mit italienischem Kaffeeduft und leckeren Törtchen sowie einigen warmen Speisen. Ich bevorzuge Apfelkuchen, Bernd Matjes mit

Pilzen. Zurück im Hotel, können wir einchecken und legen eine kleine Siesta ein, bevor wir uns erneut auf den Weg machen. Wir schlendern

durch die Stiklių. An dieser Straße liegt nicht nur unser Rosencafé, sondern eine weitere

Vielzahl von Cafés, Bars, Restaurants, kleinen Friseurläden und Souvenirgeschäften.

Früher wohnten hier viele Juden. Es gab ein großes und ein kleines Ghetto in Vilnius. Die

"Vokiečiu g" hieß früher „Deutsche Straße". Wir

werfen einen Blick in die Katholische Heilig-Geist-Kirche, auch Dominikaner Kirche genannt. Die Orgel, eine der ältesten des Landes, stammt aus dem Jahr 1776 und ist ein Werk des deutschen Orgelbauers Adam Gottlob Casparini. Nun suchen wir die verborgene kleine lutherische deutsche Kirche in der Vokirčių 20. Sie liegt versteckt in einem kleinen Innenhof, der noch ge-

öffnet ist. Martin Luther begrüßt uns, naja, eher reckt er beschwörend das Kreuz gen Himmel. Die Kirche stammt aus dem Jahr 1555, zwei Jahre nach der Gründung der ersten deutschspra-

chigen lutherischen Gemeinde in Vilnius. Die kleine Kirche weist in ihrer Architektur eine Mischung aus gotischen, barocken und Rokoko-Elementen auf. Während der sowjetischen Besatzung diente sie als Werkstatt und Basketballfeld. 1991 wurde die Kirche ihrer Gemeinde zurückgegeben und ist seitdem das wichtigste Gotteshaus für die englischsprachigen Christen der Hauptstadt. In der nahen St. Nikolaus-Kirche (Šv. Mikalojaus g. 4) wird gerade der Abendgottesdienst gehalten. Sie ist die älteste römisch - katholische Steinkirche Litauens. Hier fand der erste Gottesdienst in litauischer Sprache statt. Man vermutet, dass Franziskaner Mönche, die auf Einladung des litauischen Großfürsten Gediminas nach Vilnius kamen, die Kirche erbaut haben. Die gotischen Züge der Kirche sind fast unverändert.

Der Weg zu dem litauischen Lokal Žemačių ąšotis in der Naugarduko g. 31, das die Dame aus der Touristeninformation uns empfohlen hat, ist weiter entfernt, als wir vermutet haben, besonders dann, wenn man zunächst in die falsche Richtung läuft. Das Stadtviertel ist ein lebendiges Viertel. Anwohner und Freunde treffen sich in kleinen Kneipen auf ein Bier. Das innen

Essen typisch. Waldpilze in Rahmsauce, Kartoffeln und ein großer Kartoffelpfannkuchen, gefüllt mit Fleischbrät und Rahmsauce, als Nachtisch dann Mohnstrudel.

mit viel Töpferware dekorierte Lokal ist gut besucht, das Bier – helles und dunkles Lagerbier - lecker und das

Neben uns sitzt ein junger Mann, der sichtlich Mühe hat, die große Portion an gefüllten Teigtaschen samt Beilagen zu verspeisen. Mimik und Gestik könnten nicht eindrucksvoller sein. Ein Getränk zum „Herunterspülen" fehlt ihm. Wir spekulieren, vielleicht ein Student, dem dieses Restaurant auch empfohlen wurde. Gereicht hat sein Geld eben nur für das Essen und nichts davon darf verkommen. Auf dem Rückweg zum Hotel tätigen wir noch einen „Großeinkauf" an Mineralwasser in einem Supermarkt und finden auf direktem Weg zum Hotel zurück.

Nach einem exzellenten und Frühstück mit gutem Kaffee, Ei und Hering geht es los, unsere große Besichtigungstour. Die Sonne scheint, es ist warm, Hochsommer im Baltikum.

In den alten Markthallen

ist das Angebot groß an

frischer Ware sowie an

Kleidung und Haushalts-

seien es Gurken, zwei Schälchen frisch gesammelter Waldpilze oder Blaubeeren. Groß ist das Angebot an liebevoll gebundenen kleinen Blumensträußchen. Heute ist Feiertag, Mariä Himmelfahrt, und die Sträuße scheinen Tradition zu sein, wenn man einen Gottesdienst besucht. Gegenüber steht ein Haus mit kunstvoll ver-

waren. Viel interessanter sind die kleinen Stände der privaten Einzelhändler vor den Hallen. Hier wird verkauft, was der eigene Garten hergibt,

das Wappen des Groß-
fürstentums Litauen so-
wie recht gut erhaltene
Schießscharten zu se-
hen. Im oberen Teil des
Tores ist ein Heiligtum
„verborgen". Hier wird in

zierter Fassade. Vor

einer Kapelle ein Bildnis

dem Tor der Morgenröte
hoffen viele Verkäufer
ebenfalls auf Absatz. Ur-
sprünglich hatte der
Stadtmauerring von Vil-
nius zehn Tore. Das Tor
der Morgenröte (Aušros
Vartai) wurde erstmals
1514 urkundlich erwähnt.
An der Außenseite des
Tores sind noch heute

der Jungfrau Maria, als
Madonna des Tores der
Morgenröte oder Ma-
donna von Vilnius ver-

ehrt, gleichermaßen von Katholiken wie ebenfals von Orthodoxen. Die Ikone stammt wahrscheinlich aus der zweiten Hälfte des 16. Jahrhunderts. Die auf zwei Zentimeter dicken Eichenholzplatten gemalte Ikone (165 × 200 cm) erhielt 1671 ein goldenes Gewand, so dass nur noch das Gesicht der Muttergottes und ihre Hände zu sehen sind. Die silberne Mondsichel ist eine Votivgabe aus dem Jahre 1849. Auf dem Kopf trägt sie zwei vergoldete Kronen aus Silber, wobei die eine auf der anderen aufsitzt. Eine der Kronen ist im Barockstil gestaltet, die andere im Rokokostil. Die Krönung der Ikone erfolgte 1927 nach einem Dekret von Papst Pius XI. in Anwesenheit hochgestellter Vertreter des Klerus und des polnischen Präsidenten Józef Piłsudski. Am 4. September 1993 betete hier Papst Johannes Paul II., am 22. September 2018 Papst

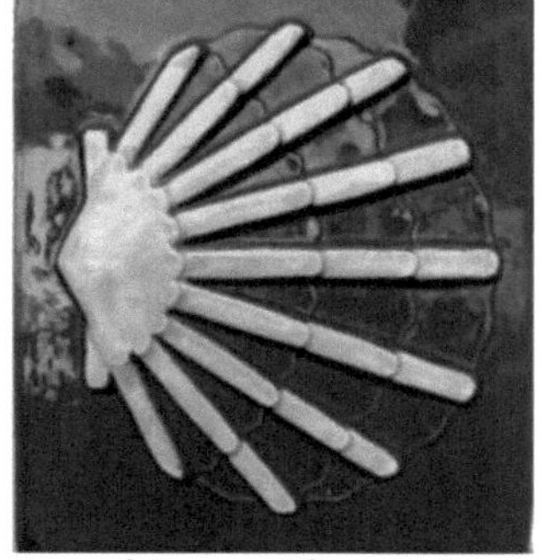

Franziskus. Die Außenwand der Kapelle ist mit dem Symbol der Muschel als Wallfahrtsort gekennzeichnet. Von der Kapelle gelangt man direkt in die Santa Theresa Kirche. Hier wird ein großer Gottesdienst ab-

gehalten. Fast nebenan,

etwas zurückversetzt,

hier haben wieder viele Frauen ihr Haar mit einem Tuch bedeckt. Die Stadt ist brechend voll - nicht nur Einheimische, sondern auch Reisegruppen über Reisegruppen. In dieser Straße residiert auch das ehr-

wird in der orthodoxen Kirche des Heiligen Geistes ebenfalls ein Gottesdienst zelebriert. Auch

würdige Palasthotel. An

der Philharmonie biegen wir nach rechts und halten uns Richtung Bastei.

Während ich den auf einem Balkon sitzenden „Widder" verewige, hält

Bernd Rast auf einer „Hausbank". Die Bastei,

Teil der alten Wehrmauern von Vilnius, stammt

aus dem 16. Jahrhundert. Das integrierte Museum der Bastei beherbergt zum Teil das Litauische

Nationalmuseum. Höhepunkt der Bastei-Besichtigung sind die unterirdischen Kanonenräume und der Ausblick von der Terrasse auf die Stadt. Die unterirdischen Räume locken uns nicht, einen tollen Blick auf die

Bastei und ihre Kanonen und fantastische Aus-

blicke auf die Stadt ge-nießen wir von den an-grenzenden, kostenlos zugänglichen Gärten der Missionare.

Wir steigen den Hügel hinab und übertreten

die Grenze zur Republik Uzupis. Die selbster-nannte Republik Uzupis, eine Künstlerrepublik, hat zwar einen eigenen

Präsidenten, eine Hym-

ne, eine Verfassung und eine Flagge, ist aber ein

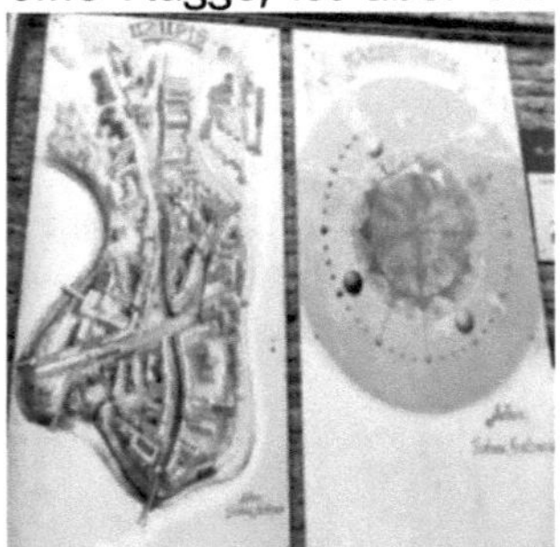

Teil von Vilnius. Über-setzt heißt Uzupis so viel wie „Ort hinter dem Fluss". Über kleinere Brücken, verziert mit Liebesschlössern über-queren wir die Vilna. Das

Wahrzeichen der Repub-

lik ist ein auf einer Trompete spielender Engel. Er soll die künstlerische Freiheit symbolisieren. Zu jeder unabhängigen Republik gehört selbstverständlich auch eine Verfassung.

Die 41 Artikel hängen gut sichtbar auf silbernen Tafeln an der Paupio Gatve, einer zentralen

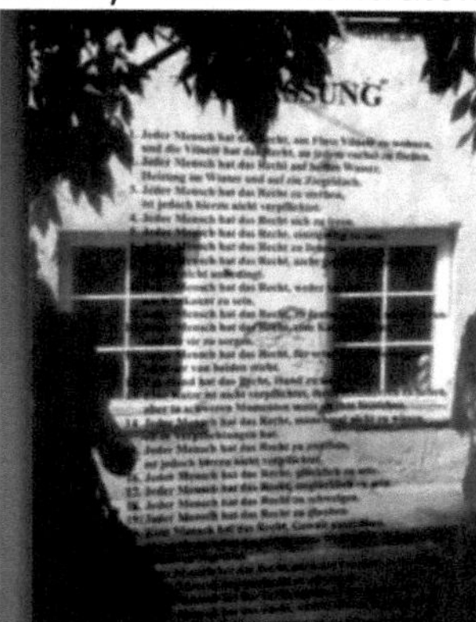

Gasse in Užupis. 40

Artikel beschreiben die

Rechte der Einwohner, darunter „Jeder hat das Recht, glücklich zu sein" (Artikel 16) und „Jeder hat das Recht, unglücklich zu sein" (Artikel 17). In Artikel 27 ist die einzige Pflicht festgehalten: die Pflicht, sich des eigenen Namens zu erinnern. Die angeschlagene Verfassung ist in viele Sprachen übersetzt worden. Immer wenn Užupis eine Partnerschaft zu einem neuen Land aufbaut, zum Beispiel durch die Ernennung eines Botschafters, werden die Artikel in die jeweilige Sprache übersetzt und mit dem Botschafter des Landes feierlich eröffnet. Weltweit wird der Fantasie-Staat durch über 200 Botschafter und Ehrenbürger vertreten. Der wohl berühmteste dürfte der Dalai Lama sein. Auch in Uzupis wird mit der Ukraine Solidarität gezeigt. Die ukrainische Fahne weht auf vielen

Balkons. Die bronzene Nixe, auch „Fräulein von

Užupis" genannt, sitzt in der Nähe des Haupteinganges zur Republik. Sie ist ein Symbol des

Stadtteils. Diese Brücke

führt direkt ins Kunst-
viertel   mit seinen ver-

den. Manche Skulpturen

wirken insbesondere auf
Männer anziehend. Eine

schiedenen   modernen
Skulpturen und Gemäl-

steinerne Waschmaschi-
ne ist auch sehr origi-

tenden Pavillon geht es

nell. An der Brücke ist

die Hauptstraße, die

eine Schaukel befestigt.
Vorbei an einem farben-
frohen asiatisch anmu-

Užupio, hinauf. Auch die Katze ist sehenswert. Wir

werfen einen Blick in die Kirche des Heiligen Bartholomäus. Die kleine Kirche steht seit 1824 in Užupis. Heute gehört sie

einer kleinen, in Vilnius ansässigen Gemeinde weißrussischer Katholiken. Die Messe wird auf Weißrussisch und Pol-

nisch gelesen. Zu Sowjetzeiten wurde die Kirche zweckentfremdet. Damals gab es hier eine Skulpturenwerkstatt. Der

Bernhardiner-Friedhof

gilt als der zweitälteste Friedhof in Vilnius. Er wurde 1810 angelegt. Seit nunmehr über 200 Jahren beherbergt er die letzte Ruhestätte von verschiedenen Personen des öffentlichen Lebens, der Kultur und Wissenschaft. 1969 wurde der Friedhof zum historischen Denkmal von nationaler Bedeutung erklärt. Einst wohnten im heutigen Uzupis viele Juden. Nach ihrer Vertreibung verwahrloste der Stadtteil. Das Rotlichtmilieu war nicht fern. In der Sowjetzeit wurde der Stadtteil vollkommen vernachlässigt. Anfang der 1990er Jahre ließen sich im Laufe der Zeit Künstler in den günstigen Häusern nieder. Mittlerweile ist dieser Stadtteil zu einem hippen und zu einem der teuersten Orte in Vilnius geworden. Užupis erinnert ein bisschen an Montmartre in Paris oder Christiania in Kopenhagen.

Unser nächstes Ziel ist das sehenswerte architektonische Ensemble aus Sankt Anna Kirche, Bernhardiner Kirche und

seinem Kloster samt Gärten. Es heißt, Barcelona hat die Sagrada Familia und Vilnius die Kirche der heiligen Anna. Tatsächlich erinnert der filigrane Baustil an die Sagrada Familia. Ursprünglich befand sich an dieser Stelle eine Stabkirche. Diese wurde 1419 durch ein Feuer zerstört. Die danach errichtete Kirche der Heiligen Anna war früher Bestandteil der Stadtmauer von Vilnius. Sie ist ein Meisterwerk der Spätgotik und von vielen Legenden umwoben. Die wohl bekannteste erzählt, dass Napoleon Bonaparte 1812 während seines „Ausfluges" nach Moskau die St. Anna Kirche gerne auf seinen Handflächen mit nach

Paris nehmen wollte. Die Realität war eine andere; er überließ die Kirche der französischen Kavallerie. Die prachtvolle Hauptfassade aus

rotem Backstein beeindruckt mit ihren hohen Spitzbogenfenstern und durchbrochenenTürmen. 33 verschiedene Backsteinarten wurden hier verbaut. Der Innenraum mit spätmittelalterlichen Fresken und hölzernen Verzierungen ist sehenswert. Leider ist die Kirche geschlossen. Der separate Glockenturm der Kirche ist kein Original, sondern ein Nachbau im gotischen Stil aus dem 19. Jahrhundert. In der benachbarten Bernhar-

dinerkirche aus dem Jahre 1795 findet gerade ein

Gottesdienst statt. Ursprünglich war sie eine Wehrkirche. Dies belegen die 19 Schießscharten in der nördlichen Wand (direkt unter dem Dach), sowie die dicken Mauern und die Wehrtürme. Die Kirche war ebenfalls in die Verteidigungsanlage von Vilnius integriert. Sie ist dem Heiligen Franz von Assisi und Bernardino von Siena gewidmet und ist eine der größten gotischen Sakralbauten in Vilnius. Nicht weit entfernt steht ein Denkmal des polnischen - litauischen Dichters Adam Mickiewicz. Dieser gilt als Nationaldichter Polens, er bezeichnete jedoch Litauen als sein Heimatland. Auf der gegenüberliegenden Seite der Straße läuft gerade eine

Gruppe asiatischer Touristen, gut geschützt mit Sonnenschirm gegen die kräftige Sonne, vorbei.

In den hübschen Gärten

des Bernhardiner Klosters plätschern viele hübsche Springbrunnen.

Besucher haben sich auf den Bänken oder auf

dem Rasen niedergelassen und genießen die Sonne. Nicht weit entfernt beginnt der Auf-

gang zum Gediminas - Turm. Die auf dem 142 Meter hohen Hügel thronende Burg von Gediminas ist eines der Wahrzeichen von Vilnius - sogar von ganz Litauen. Der Gediminas-Turm ist

der einzige erhalten gebliebende Eckturm der Anlage der Oberen Burg. Die Befestigungsanlage wurde 1320 vom Gründer der Stadt, Großfürst Gediminas, errichtet. Überlebt haben nur der Turm und die Burgruine. Im Turm befindet sich ein Teil der Ausstellung des Nationalmuseums. Wer mag, kann die 78 Stufen hinaufsteigen und von der Plattform des Turms einen grandiosen Rundumblick auf Vilnius, auf den gegenüberliegenden Berg mit den drei Kreuzen sowie auf die gesamte Region genießen.

Die drei Kreuze auf dem gegenüberliegenden Hügel entstanden während des Zweiten Weltkrieges und gelten heute als Symbol der nationalen Identität und des Widerstandes gegen die Okkupation. Der Kathedralenplatz von Vilnius ist

der älteste Platz der Stadt und das Herz der Altstadt. Hier kreuzten sich die alten Handelswege. Das Denkmal von Gediminas ist unübersehbar. Vor der Kathedrale hoffen immer noch

viele Sträußchen-Binder

auf einen letzten guten Abverkauf. Die Kathedrale stammt aus dem

13. Jahrhundert. Im Laufe der Jahre wurde sie

aufgrund von Bränden, Kriegen und Zerstörungen mehrmals umgebaut. Ihr aktuelles klassizistisches Aussehen hat sie im 18. Jahrhundert bekommen. Seit 1922 wird sie als erzbischöfliche Basilika des Heiligen Stanislaw und Heiligen Wladyslaw bezeichnet. Der 57 Meter

fürstliche Schloss ist

hohe, separate Glocken-

der ehemalige Palast
des Großfürsten von Li-

turm lässt sich bestei-
gen, 92 Treppenstufen
sind zu bezwingen. Be-
lohnt wird die Anstren-
gung mit einem tollen
Ausblick.   Ursprünglich
war auch der Turm ein
Bestandteil der Burg-
mauer der Vilniusser
Burganlagen. Das Groß-

tauen. Es war über Jahr-
hunderte die Residenz
der polnisch-litauischen
Herrscher. Das Original
ist im 19. Jahrhundert
zerstört worden.   Der
heutige Komplex ist ein
Nachbau. In dem Ge-
bäude befindet sich ak-

tuell das Nationalmu-

seum Litauens. Am letz-
ten Sonntag eines jeden

Monats ist der Eintritt
kostenlos. Auch hier fah-
ren die Touristenbähn-
chen. Den Weg zum KGB-
Museum bzw. zum Mu-

seum der Opfer des
Genozids (Aukų g. 2A,
Aufarbeitung der sowje-

tischen Besatzungszeit)
sparen wir uns. Heute ist
Feiertag und das Mu-
seum ist geschlossen. Es
wurde 1992 gegründet
und ist im selben Ge-
bäude, in dem von der
zweiten Hälfte der 1940-
er Jahre bis zum August
1991 die sowjetischen
Unterdrückungsmecha-
nismen NKWD und
NKGB-MGB-KGB arbeite-
ten. Im Keller des Ge-
bäudes befindet sich ein
Gefängnis mit Einzelzelle
für die Erzwingung von
Geständnissen und für
das Verhör der Gefan-
genen. Im ersten Stock
des Museums erhält der
Besucher Informationen
über die Inhaftierung
litauischer Zivilisten in
den Jahren 1944 bis 1956
im Gulag, die Deporta-
tionen in den Jahren
1944 bis 1953 und die
Aktivitäten des KGB zwi-
schen 1954 und 1991. Ein
ähnliches Museum ha-
ben wir bereits in Riga
besucht. Wir verlassen
den Großfürsten Gedimi-

nas und wenden uns dem aktuellen klassizistisch repräsentativen litauischen Herrschersitz

zu, dem Präsidentenpalast am Simonas-Daukantas-Platz. Simonas Daukantas war Absolvent der Universität Vilnius und schrieb im 19. Jahrhundert die erste Geschichte Litauens in litauischer Sprache. Jeden Sonntag um 12 Uhr findet vor dem Palast ein fünf- bis zehnmütiger Fahnenwechsel statt. Sowohl Soldaten der litauischen Ehrenwache in modernen Paradeuniformen als auch Soldaten der litauischen Ehrenwache in mittelalterlichen Rüstungen zur Zeit der Großfürsten marschieren auf. Auch

wenn heute Litauen ein eher kleines Land ist, die Litauer sind sich ihrer tausendjährigen Geschichte bewusst, halten sie in Ehren und verteidigen sie. Der heutige Präsidentenpalast war seit dem 16. Jahrhundert die Residenz der Bischöfe von Vilnius. Unter russischer Besatzung im 18. Jahrhundert wurde der Palast zur Residenz des Generalgouverneurs von Vilnius. Der russische Zar Alexander I., der französische König Ludwig XVIII., Kaiser Napoleon Bonaparte und der Marschall der Zweiten Polnischen Republik Józef Pilsudski waren Gäste. 1997 wurde das Gebäude renoviert. Heute ist hier die Kanzlei des Präsidenten, hier arbeitet er und hier werden die höchsten Persönlichkeiten anderer Länder begrüßt. Weht die Standarte des litauischen Präsidenten, ist er anwesend. Vor dem Palast weht an den Fahnenmasten nicht nur die litauische, sondern auch die ukrainische Nationalfahne. Aus Solidarität mit der Ukraine sind an vielen Häusern demonstrativ ukrainische Fahnen gehisst. Gegenüber befindet sich die Philosophische Fakultät der

Universität Vilnius. Sie wurde 1569 als Jesuitenkolleg gegründet und 1579 in eine Akademie umgewandelt. Zu dem Universitätskomplex gehören Gebäude verschiedener architektonischer Stilrichtungen, sei es Gotik, Renaissance, Barock oder Klassizismus. Die Universität ist

eine der ältesten Hochschulen in Europa und die älteste im Baltikum. Am Anfang des 19. Jahrhunderts studierten hier mehr Studenten als an der Universität Oxford. Die jetzt geschlossene Kirche des Heiligen Jo-

hannes ist ebenso Teil der Universität. Begonnen hat der Bau der Kirche im 14. Jahrhundert. Erst 1426, nach 40 Jahren wurde er abgeschlossen. Berühmt ist die Barockkirche für ihren mehrstufigen Altarbau. Der Glockenturm entstand erst im 17. Jahrhundert. Mit 68 Metern Höhe ist er das höchste Bauwerk der Altstadt von Vilnius. 198 hölzerne Treppenstufen oder alternativ ein bequemerer Fahrstuhl führen hinauf. Oben erwartet den Besucher ein fantastischer Blick auf die Altstadt. Der Glockenturm ist zwischen Mai und September jeweils von Montag bis Samstag zugänglich.

Die Literatenstraße soll sehenswert sein. Nun, unsere Erwartungshaltung gemäß Beschreibung entsprach nicht

der Realität. An einer Wand haben sich rund 110 Künstler mit einem Mini - Kunstwerk verewigt. Reichlich fußmüde kehren wir ins Hotel zurück. Heute Abend findet in der Kasimirkirche ein Konzert um 19:00 Uhr statt – Orgelmusik und Trompete, u.a. Bach und Händel. Die Stadt ist immer noch brechend voll. Es ist ein warmer Sommerabend! Um 18:45 Uhr ist die Kirche bereits gut gefüllt. Mit Mühe finden wir einen Platz. Die ersten Stücke sind gut, danach wird unser Musikgeschmack nicht mehr getroffen. Eine gute halbe Stunde halten wir durch. Mit etwas Glück und Stuhl - Organisationstalent ist gefragt - können wir zwei freie Plätze im angesagten Šnekutis (Sv. Mikalojaus g.15) mit typisch litauischer Küche ergattern als auch verteidigen. Heute gibt es Kar-

toffelpudding (Kloßteig in Wurstpelle) mit ausgelassenem Speck und Sourcreme sowie mit Kartoffelpüree gefüllte Dumplings mit Sourcreme. Das frisch gezapfte Bier ist auch nicht zu verachten.

Nach einem ausgiebigen Frühstück und einem letzten Spaziergang laufen wir zum Busbahnhof. Die Abfahrt Richtung Warschau verspätet sich um eine Stunde. Die Fahrgäste werden leider erst sehr spät informiert. Der vorgesehene Bus fällt aus. Er sei zusammengebrochen, sagt man uns - glücklicherweise nicht mit uns!

Wir fahren wieder durch eine ländlich geprägte Landschaft. Heu wird noch mit der Sense gemacht. Die Landschaft ist seenreich. Schöne Häuser stehen hier, ein Urlaubsgebiet, echtes Kurort - Feeling. Der Ort heißt Ďrusniki.

Derweil fallen die Wachtürme auf. Der Verbindungskorridor zwischen Litauen und Polen, die sogenannte Suwalki-Lücke ist schmal. Die Lücke verläuft zwischen zwei Dreiländerecken über 65,4 Kilometer Luftlinie bzw. 104 Kilometer Grenze am Boden, vom Dreiländereck Litauen - Polen-Belarus im Südosten zum Dreiländereck Litauen - Polen - Russland (Kaliningrad) im Nordwesten. Diese schmale Verbindung ist die einzige der baltischen Staaten mit seinen übrigen NATO-Partnern. Benannt ist die Lücke nach der polnischen Stadt Suwałki.

Die Busfahrer warnen vor, dass der Grenzübertritt nach Polen länger dauern wird. Seit einiger Zeit finden ausführliche Kontrollen statt. Unser Pass wird anstandslos kontrolliert. Aber es gibt belarussische und russische Fahrgäste, deren

Pässe zunächst eingezogen und außerhalb des Busses abgeglichen werden. Ein Fahrgast mit amerikanischem Reisepass hat seinen Pass im Koffer und der ist im Gepäckraum. Allgemeines Kopfschütteln! Nun, die Busfahrer sind absolut „not amused". Sein Pass wird jedoch anstandslos akzeptiert. Letztendlich dürfen alle nach Polen einreisen.

Litauen-kulinarisch. Zum Abschluss ein Ausflug in typische litauische Köstlichkeiten:

Šaltibarščiai:
Eine kalte Suppe aus roter Beete, Kefir, Gurken, Rahm und Dill. Mit gekochtem Ei ergänzen.

Pilzsuppe in der Brotschüssel:
Einen Laib herzhaftes Roggenbrot aushöhlen und diesen mit einer cremigen Pilzsuppe aus waldfrischen Pilzen füllen.

Cepelinai oder „Zeppeline":
Weiche, mit Fleisch gefüllte Kartoffelklöße, die mit Speck, Pilzen und ein wenig Sour Cream serviert werden.

Kepta Duona:
In Scheiben geschnittenes Roggenbrot in Öl mit viel Knoblauch frittieren. Dazu ein erfrischendes Bier einer lokalen litauischen Brauerei. Man stößt mit Freunden an und ruft dabei „Į sveikatą!".

Kugelis:
Brutzelnden Speck, karamellisierte Zwiebel, geriebene Kartoffeln mit geschlagenen Eiern und Milch vermischen, in eine Auflaufform füllen und im Backofen backen.

Kibinai:
Unter einer leckeren Blätterteig-Hülle verbirgt sich eine delikate Füllung aus Schweinefleisch und Weißkohl, alternativ aus Käse und Spinat oder manchmal

auch aus Beeren, Äpfeln oder Pflaumen.

Grybukai-Pilz-Kekse: Kekse, die keine Pilze enthalten, aber Zimt, Kardamom und Muskat.

Varškėčiai: Knusprig frittierte Küchlein mit cremigem litauischen Quark, serviert mit Waldbeeren, Honig und Schlagsahne.

Gira: Litauens berühmtes alkoholfreies Brot-Getränk, auch Kvass genannt, hergestellt aus süßem, fermentiertem dunklem Roggenbrot, Honig und Rosinen.

Varškės Sūris: litauischer Quark mit Honig. Varškės Sūris kann man auch braten, räuchern oder mit Kümmel würzen.

Apfelkäse: eine süße milchfreie Spezialität

Autor, Herausgeber

Dipl. oec. troph. Cornelia Eckhardt wurde in Bielefeld geboren. Nach dem Abitur studierte sie an der Rheinischen Friedrich - Wilhelms Universität, Bonn, Haushalts- und Ernährungswissenschaften mit Spezialisierung auf Ernährungswissenschaften. Schon während ihres Studiums hat sie Vorlesungen in Fachpublizistik belegt.

Ihr Studium schloss sie mit dem Diplom in Oecotrophologie ab. Sie arbeitete danach in einem Pharmakonzern, später in leitender Position.

Nach Heirat und Geburt des Sohnes gab sie ihren Beruf zugunsten der Familie auf und wurde Familienmanagerin. Neue Erkenntnisse und neue Strömungen in der Ernährungswissenschaft hat sie weiterhin verfolgt und in Vorträge und Beratungen aufgenommen.

Bernd H. Eckhardt ist Diplom-Mathematiker, in Wuppertal geboren, hat in Göttingen (Deutschland) Mathematik wirtschaftswissenschaftlicher Richtung und Jura studiert und danach in Asien und Europa in der Versicherungswirtschaft gearbeitet.

Zuletzt war er während 17 Jahren Vorstandsmitglied in der börsennotierten BHW Gruppe (Bank, Bausparkasse, Versicherung). In der BHW Lebensversicherung AG, BHW Pensionskasse AG, BHW Rückversicherung S.A. und der BHW Invest S.a.r.L. leitete er die Vorstandsressorts Kapitalanlage, Mathematik, Öffentlichkeitsarbeit, Personal, Rechnungswesen und Vertrieb.

Aktuell gehört das ehemalige Beamtenheimstättenwerk BHW zur von der Deutschen Bank übernommenen Postbank.

Bernd H. Eckhardt ist Eigentümer einer sich mit der Beratung Institutioneller Anleger und vermögender Privatkunden befassenden Firma, Eigentümer der Web-Seite www.Investors-Office.com und Vorsitzender des Verwaltungsrates und CEO einer auf die Kapitalanlage ausgerichteten Aktiengesellschaft mit Holdingfunktion.

In der gleichen Reihe

Reiserouten

erscheinen ebenfalls in deutscher Sprache als Taschenbuch und als E-Book:

Reiserouten

Events. Highlights. Investitionen.
mit Perspektive Einwanderung

Afrika

Band 1: Botsuana, Namibia, Südafrika
Victoriafälle (Zimbabwe & Sambia)
*****

Asien

Band 2: Oman, Abu Dhabi, Dubai,
Kambodscha, Singapur, Thailand
*****

Nordamerika

Band 3: Kanada, Vereinigte Staaten
*****

Südamerika

Band 4: Argentinien, Brasilien

*****

Band 5: Bolivien, Chile, Peru
*****

Band 6: Ecuador
*****

Band 7 : Guyana-Staaten,
Kolumbien, Venezuela

*****

Band 8: Paraguay, Uruguay

*****

Ozeanien

Band 9: Australien,
Neuseeland (Perspektiven)

*****

Europa ohne EU

Band 10: Großbritannien,

Efta Länder CH,FL,N,IS (Perspektiven)

*****

Alle Südamerika-Bände gibt es zudem als großforma-
tige, farblich aufwändig gedruckte Hardcover Gesamtausgabe (ISBN: 978-3-7557-3557-1) und
als E-Book (ISBN: 978-3-7557-4534-1)

Südamerika

sowie in amerikanischem Englisch in großformatiger
Taschenbuch Gesamtausgabe (ISBN: 978-3-7543-4298-
5) und als E-Book (ISBN: 978-3-7543-9199-0)

South America

Eine spanische Ausgabe dieses Bandes wird vorbereitet.